بسم الله الرحمن الرحيم

자비롭고 자애로운 알라의 이름으로

고려대학교 아세아문제연구원

중동·이슬람총서 2

아랍 교수의 눈에 비친 **사랑하는 한국**

저자: 압둘 무흐씬 압두르 라흐만 앗 쉐이크
킹 사우드대학교 공과대학 교수
번역: 김종도 박사 / 고려대학교 특임교수

아 연 출 판 부
고려대학교 아세아문제연구원

아연 중동·이슬람총서 2

아랍 교수의 눈에 비친 **사랑하는 한국**

1판 1쇄 | 2025년 3월 31일

지 은 이 | 압둘 무흐씬 압두르 라흐만 앗 쉐이크
옮 긴 이 | 김종도
펴 낸 이 | 이진한
펴낸 곳 | 아연출판부
등　　록 | 제2000-000025호
주　　소 | 02841 서울특별시 성북구 안암로 145 고려대학교 아세아문제연구원
전　　화 | 02-3290-1600
팩　　스 | 02-923-4661
홈페이지 | www.asiaticresearch.org

값 11,000원

ISBN 979-11-89273-34-7

드리는 말씀

모든 한국인들에게 행복과 평화가 있기를 그리고 여러분과 여러분의 국가에 좋은 일만 가득하길 기원합니다.

들어가는 말

우리 아랍세계에는 한국(South Korea)제품이 없는 집은 한 집도 없을 것이라고 저는 확신합니다. 이미 한국은 우리 아랍인들의 집안에 들어와 함께 하고 있다고 생각합니다. 제가 쓴 이 글들을 통해 우리들의 가슴에도 한국이 함께 하길 기원합니다.

이런 연유로 한국은 무언가를 만들어내는 생산과 근면함이 반복되고 이를 상징하는 이름이 되었습니다. 아마도 이 이름은 일부 사람들의 마음 속에는 존경과 평화를 상징할 것입니다. 이 모든 것은 정당하고 올바른 의미를 품고 있으며, 저는 한국이 마땅히 이를 부여받을 만한 자격이 있다고 확신합니다.

한국은 그 아름다움과 국민의 천성 때문에 한국을 방문하는 사람이라면 누구든지 사랑하게 될 나라이며, 이것이 바로 저에게도 기적같이 일어났습니다.

제가 쓴 이 책은 제가 목격자로서 여러분들께 감사를 드리고 싶었던 저의 진솔한 느낀 점과 경험을 담은 책입니다.

저는 여러분들이 제가 보고 듣고 경험한 후에 쓴 다양한 정보와 저의 느낌이 담긴 다양한 글들을 통하여 즐거운 시간을 보내시길 바랍니다.

대한민국은 여러분들을 기다리고 있습니다. 아니, 여러분들을 필요로 하고 있습니다. 한국을 행복하게 기쁘게 하는 일에 동참하십시오. 그러나 한국이 만사가 긍정적 임에도 불구하고, 한국을 행복하게 해줄 누군가를 필요로 합니다. 그 이유는 한국의 자살률은 아주 높으며 행복지수는 아주 낮기 때문입니다.

이슬람을 통하지 않고는 한국이나 다른 어떤 나라에도 행복이 없습니다. 그래서 이슬람의 길이 한국에게 도움이 되길 기원합니다.

이제, 여러분들을 위하여 책의 페이지들을 남겨두겠습니다. 저는 여러분들이 이 책을 통하여 한국을 더 잘 알게 되고 알찬 정보들을 얻을 수 있도록 너 많은 관심을 가지시길 바랍니다. 그리고 알라께서 당신을 보호하시기를 바랍니다.

저자 압둘 무흐씬 압두르 라흐만 앗 쉐이크

목 차

들어가는 말 6p

1/ 한국과의 첫 접촉 11p

2/ 내가 한국에 대해 쓴 책 15p

3/ 한식과 함께하는 나의 이야기 21p

4/ 공대 학생들과의 한국방문 25p

5/ 한국에서 나를 슬프게 했던 큰 문제 31p

6/ 한국에 있는 투자자들 35p

7/ 한국의 사우디아라비아 유학생들 41p

8/ 한국의 무슬림들 47p

9/ 한국어와 아랍어 53p

10/ 사우디아라비아의 한국인 57p

11/ 나를 놀라게 한 업적들! 65p

12/ 아름다운 한국의 랜드마크 69p

13/ 멋진 한국의 풍습과 매너 77p

14/ 사우디아라비아-한국 관계 83p

15/ 한국에 관한 특별한 트위터 사이트 89p

16/ 한국의 역사와 지리에 관한 참고사항 93p

17/ 이슬람을 테러리즘으로 비난 97p

18/ 한국에 대한 기타 여러가지 101p

19/ 무슬림이 된 한국인들의 이야기! 107p

20/ 마지막 이야기 113p

색인 117p

01

한국과의 첫 접촉

1. 한국과의 첫 접촉

저는 2003년에 말레이시아의 어느 공학 학술회의에 '사우디아라비아의 증기화'에 대하여 논하는 공학분야의 논문을 제출하였습니다. 제가 학술회의에서 귀국한 몇 달 후에 한국수자원학회로부터 한 통의 전자메일이 날아왔습니다. 메일에는 이 학회가 그들의 학술지에 제 논문의 게재허락을 요청하는 내용이 언급되어 있었습니다. 그들은 제 논문이 학문적으로 게재하기에 적합하다고 판단한 것입니다. 저는 그들의 요청에 동의를 하고 감사하다는 글도 보냈습니다.

한국수자원학회는 그들의 학술지에 저의 논문을 게재하는 것에 대한 어떠한 게재료나 심사비를 저에게 요구하지 않았습니다.

그리고 두 달이 지난 후에 제 논문이 그들의 학술지에 실렸습니다. 그들은 일반우편을 통하여 저의 학술논문 별쇄본 20부를 보내왔습니다. 저는 그들의 관심과 엄격한 논문심사규정의 수행에 대하여 진심으로 감사를 표했습니다.

이것이 제가 한국과 접촉한 첫 번째 일입니다. 그러나 그것은 온라인 상의 접촉이었습니다. 이 접촉은 저에게 한국인들에 대한 긍정적인 인상을 심어주었습니다.

한국과의 직접적인 접촉은 그것은 2013년으로 저는 아시아의 공과대학장 회의에 참석하러 사우디의 최고 명문대학인 킹 사우드 대학교의 공과대학 학장이신 칼리드 알하미지 박사님과 한국에 갔을 때입니다. 당시에 저는 공과대학원의 연구 부원장으로 일을 하고 있었습니다.

그 학술회의는 한국 대학교들 중에서 명문대학 중에 하나인 연세대학교의 주도로 개최되었습니다.

이 방문이 공학 목적에 국한된 것임에도 불구하고 제 인생의 커다란 전환점이 되었습니다. 그러나 저는 제 앞에 한국이라는 이름의 아름다운 또 다른 세계가 열린 것을 목격하였습니다. 이 방문에서 저는 학술회의의 몇 차례 모임에 참석하였으며, 이 학술회의에서 배려와 원칙준수, 훌륭한 조직이 작동하고 있었음을 두 눈으로 확실하게 목격하였습니다.

또한 우리는 대기업인 삼성그룹을 방문하였으며 그 당시에 기억나는 일이 하나 있습니다. 저는 이 회사의 생산품과 성과들을 설명하는 보드판을 사진으로 찍으려고 하였습니다. 그 순간 동료인 칼리드 박사가 제게 말을 하였습니다: "자네의 휴대폰으로 사진을 찍는 것은 옳지 않다네. 사실 자네 휴대폰은 아이폰이 아닌가? 그리고 자네가 이렇게 하는 행동은 부적절한 일을 하고 있는 것이라네". 저는 따끔한 충고를 해주신 그에게 감사를 표했습니다.

이 방문은 한국의 공학분야 뿐만 아니라 이외에 다른 많은 분야를 알게 되는 기회가 되었습니다. 왜냐하면 저는 동료들과 함께 국립박물관을 방문하였으며 이것은 한국의 문화유산과 역사를 알게 되는 절호의 기회였습니다. 저는 박물관에서 견학을 온 한 무리의 어린 학생들을 보았습니다.

박물관에서 나의 시선을 이끈 가장 중요했던 점은 아이들이 정숙하고 질서를 잘 지키고 있었다는 일입니다. 사실 그들이 산만하고 돌아다니기 쉬운 어린 나이임에도 불구하고 말입니다.

우리는 당시에 서울의 사우디아라비아 문화원장이었던 히샴 알 카와르디 박사님을 방문하였습니다.

우리는 원장님의 우리들에 대한 관심과 협조에 대하여 감사를 표했습니다. 그는 한국의 명승지로 알려진 서울 중심지에 있는 남산타워를 편안히 방문할 수 있도록 우리를 거기까지 데려다 줄 운전기사님까지 배려해주셨습니다.

이 타워에서 여러분은 북한을 볼 수 있으며 북한은 이 타워에서 약 50km 떨어져 있습니다. 저는 한국이 아직 남과 북, 두 갈래로 분단되어 있어서 안타까움과 아쉬움을 느꼈습니다.

그러나 커다란 희망은 있습니다. 저는 강력하고 안정된 통일된 하나의 한국을 보게 되길 소원합니다.

저는 한국에 대한 아주 긍정적인 인상을 갖고 방문을 마치고 귀국하였습니다. 그리고 저는 사우디의 저명 신문들 중에 어느 한 신문에 한국과 한국과의 상호교류 그리고 양국간의 협력관계에 대하여 기사를 썼습니다.

*사진설명: 2013년 한국의 사우디문화원장님 초청 점심미팅

저는 -알라의 덕분으로- 우리 단과 대학에 한국교수들을 초빙해야 한다는 필요성에 대하여 학장님과 의견의 일치를 보았습니다. 감사하게도 리야드에 있는 킹사우드 대학교의 공과대학 즉 우리 단과대학에 네 분의 한국교수님들과 계약이 이루어졌습니다.

02

내가 한국에 대하여 쓴 책

2. 내가 한국에 대하여 쓴 책

저는 한국을 여러차례 방문한 후에 많은 아랍인들이 한국에 대하여 충분히 알고 있지 못하고 있음을 알게 되었습니다. 저는 아랍인들이 서점을 방문시에 한국에 관한 간략하고도 종합적인 정보를 담은 이와 같은 책의 필요성을 알고 있기에 마음을 먹고 한국에 관한 책을 집필하기로 결정하였습니다. 첫번째 책의 제목은 <한국은 귀하를 기다리고 있습니다!>입니다.

이 책의 집필은 2018년 이었으며 출판은 2019년에 가장 유명한 출판사들 가운데 하나인 사우디아라비아의 '다르 알-나슈르 알-사우디야(Duur Al-Nashr Al-Sauudiiyaa)'를 통하여 이루어졌습니다. 그리고 이번에 한국어 출판은 일부 내용을 보완하거나 추가하였음을 밝힙니다. 그리고 이 책은 아랍어로 집필되었는데 왜냐면 이는 아랍독자를 목표로 하였기 때문입니다.

대한민국의 사우디아라비아 문화원 원장이신 사미 알압둘 알와합 박사님은 이 책의 출판 서문을 써 주셨습니다. 그에게 감사를 표하는 바입니다.

이 책은 모두 10장으로 구성되어 있습니다:

1. 한국의 역사
2. 한국의 지리
3. 한국의 종교
4. 한국의 관습
5. 한국의 언어
6. 한국의 교육
7. 한국의 의료
8. 한국의 관광
9. 한국의 경제
10. 한국의 도전

저는 책의 제목을 "한국은 귀하를 기다리고 있습니다"라고 정했으며 이는 독자들이 아름다운 한국을 방문하도록 권장하기 위한 것입니다. 그리고 저는 제가 한국에서 생활했던 것처럼 여러분들도 한국에서 아름다운 경험을 해보길 바랍니다.

저는 이 책을 집필하면서 많은 자료들을 참조하였으며 그 가운데 가장 중요한 자료는 한국의 문화체육관광부가 발행한 책으로 제목은 "Facts about Korea"이었습니다.

이 책은 아랍어로도 제공되고 있으며 2017년에 저는 한국대사님으로부터 한 부를 선물로 받았습니다. 저는 대사님께 감사를 표했습니다.

*사진설명: 주.사우디 한국대사님과 함께!

저는 이 책을 24개 사우디아라비아의 국립대학교들에게 선물로 보냈으며 20권은 사업가들에게도 드렸습니다. 또한 현 사우디아라비아 주재 한국대사님께도 한 부 선물로 드렸습니다. 대사님께서는 저에게 감사 편지를 써서 보내주셨으며 여기에 동봉된 사본이 하나 있습니다. 대사님께 감사를 드립니다.

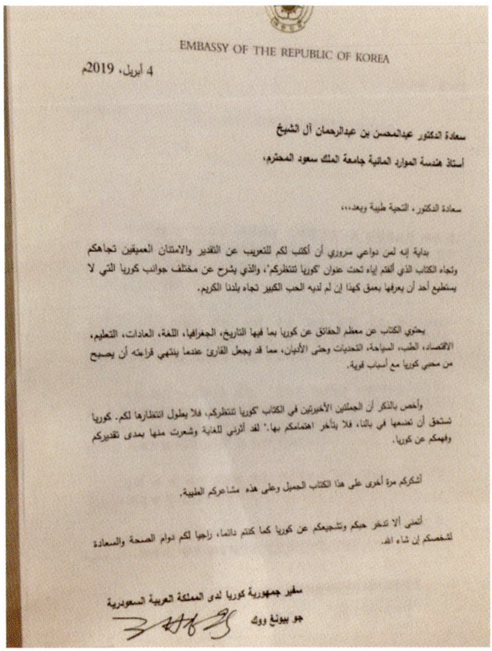

EMBASSY OF THE REPUBLIC OF KOREA

4 أبريل، 2019م

سعادة الدكتور عبدالمحسن بن عبدالرحمان آل الشيخ

أستاذ هندسة الموارد المائية جامعة الملك سعود المحترم،

سعادة الدكتور، التحية طيبة وبعد،،،

بداية إنه لمن دواعي سروري أن أكتب لكم للتعبير عن التقدير والامتنان العميقين تجاهكم وتجاه الكتاب الذي ألفتم إياه تحت عنوان "كوريا تنتظركم"، والذي يشرح عن مختلف جوانب كوريا التي لا يستطيع أحد أن يعرفها بعمق كهذا إن لم لديه الحب الكبير تجاه بلدنا الكريم.

يحتوي الكتاب عن معظم الحقائق عن كوريا بما فيها التاريخ، الجغرافيا، اللغة، العادات، التعليم، الاقتصاد، الطب، السياحة، التحديات وحتى الأديان، مما قد يجعل القارئ عندما ينتهي قراءته أن يصبح من محبي كوريا مع أسباب قوية.

وأخص بالذكر أن الجملتين الأخيرتين في الكتاب "كوريا تنتظركم، فلا يطول انتظارها لكم. كوريا تستحق أن تضعها في بالنا، فلا يتأخر اهتمامكم بها." لقد أثرتني للغاية وشعرت منها بمدى تقديركم وفهمكم عن كوريا.

أشكركم مرة أخرى على هذا الكتاب الجميل وعلى هذه مشاعركم الطيبة.

أتمنى ألا تدخر جهدكم وتشجيعكم عن كوريا كما كنتم دائما، راجيا لكم دوام الصحة والسعادة لشخصكم إن شاء الله.

سفير جمهورية كوريا لدى المملكة العربية السعودية

جو بيونغ ووك

*사진설명: '한국이 여러분들을 기다린다' 책 집필에 즈음하여

한국대사님이 보내오신 감사편지

* 이 책은 현재 사우디 서점에서 판매되고 있습니다. 책 표지 사본이 첨부되어 있습니다.

*사진설명: 리야드 국제도서박람회에서 전시된 "한국이 귀하를 기다립니다" 필자의 졸저

사우디에서 근무하고 있는 나의 한국친구들은 이 책의 출간에 즈음하여 저에게 축하 파티를 열어주셨습니다. 저는 그들에게 감사를 다시 한번 드립니다.

저는 이 책이 한국을 소개하는 개론의 추가라고 생각합니다. 왜냐면 이 책의 주제들의 보편성이라든가 페이지 분량의 적합성의 관점에서 160페이지 정도의 적은 분량이기 때문입니다.

이 책을 저술하는 제 입장에서 보면 아주 좋은 경험이었으며 그 이유는 제가 좋아하는 나라에 대하여 이야기할 수 있기 때문입니다. 또한 이 책은 제가 오랫동안 기다려온 꿈이기도 합니다.

저는 이 책이 출간될 수 있도록 어떤 형태로든 간에 참여해주신 분들께 감사를 드립니다.

그리고 저의 두 번째 책은 '아랍 교수의 눈에 비친 사랑하는 한국'입니다. 이번에 이것을 한국어로 번역해주신 고려대학교의 무사 김종도 교수님과 출판을 허락해주신 고려대학교 아세아문제연구원 이진한 원장님께도 감사드립니다.

03

한식과 함께 하는 나의 이야기

3. 한식과 함께 하는 나의 이야기

먹거리는 국민들마다 각기 다른 중요한 문제들 중에 하나입니다. 이 다름은 자연적, 역사적 그리고 그 외의 상황들 때문에 발생합니다. 모든 사람들은 자신의 나라에 주어진 먹거리들 종류- 즉 신토불이에 익숙해져 있습니다. 그러나 최근의 이용가능한 상호교류 덕분으로 어떤 나라와도 관련된 다양한 음식의 전파도 국외에서도 가능한 일이 되었습니다.

제가 처음으로 한국으로 여행을 갔을 때 저는 한국음식에 대하여 아무 지식도 없었습니다. 저에게는 음식을 먹어보려는 용기도 없었습니다. 그래서 저는 아랍식당에 가거나 사우디에서 제가 알고 있었던 세계적 레스토랑에 가곤 하였습니다. 한국음식을 먹는 일을 시도해보는 것은 제가 해보고 싶지 않았던 경험이었는데 왜냐면 저의 한국여행이 며칠간만 지속되는 출장이고 그후에는 사우디로 귀국하기 때문이었습니다. 그리고 저는 한국과 한국에서 있었던 일이 잊혀 질 것이라고 생각했기 때문입니다. 이것은 저의 첫 방문기간 동안에 실제 일어났던 일이며 저는 한국음식을 전혀 먹지 않았습니다.

저의 두번째 방문시에는 전 수단 한국대사님이셨던 후세인 김동억 박사님이 가천대학교 서부총장님과 저를 점심식사에 초대해 주셨습니다. 김박사님은 (재)한국 이슬람교 이사장직을 거쳐 한국할랄산업진흥원장직을 맡고 있습니다. 저는 레스토랑에서 세계적으로 알려져 있는 몇 가지 음식, 즉 다양한 세계적인 음식들이 나올 거라고 예상했습니다. 그러나 현실은 달랐습니다. 한국 레스토랑으로 초대는 한국음식만 제공되는 것이었습니다.

제 앞에는 제가 먹어보는 것 외에는 다른 선택의 여지가 없었습니다.

후세인 김박사님은 감사하게도 저에게 한국음식과 그 음식에 포함된 재료들을 설명해 주셨습니다. 그 순간에 저는 망설일줄 알았는데 사실은 이미 시작했음을 알게 되었습니다. 그래서 저는 어떤 난관도 없이 실험을 아주 순조롭게 시작하였습니다. 저는 정말 맛있는 순두부 찌개와 야채 비빔밥, 그리고 잘게 썰어 볶은 생선살 튀김 등 맛있는 음식에 놀랐습니다. 후세인 김박사님께 감사를 드립니다.

제가 한국음식을 먹어본 첫 시도의 장소를 여기 한 장의 사진으로 첨부합니다.

*사진설명: 후세인 김박사님의 초청 점심식사.

제가 바닥에 앉아서 식사를 하는 일은 어려운 일이 아니었습니다. 이것은 사우디의 고유한 관습이며 한국의 고유한 관습과 똑같기 때문입니다.

한국음식 체험이 저에게 비록 갑작스러웠음에도 불구하고 그것은 아주 성공적으로 끝났습니다.

이러한 경험 후에 저는 한국을 방문할 때마다 한국음식을 갈망하기 시작했습니다. 제가 기억하건 데, 한번은 11일 간 한국에 머문 여행에서 8일 간은 한국음식을, 반면에 아랍음식은 3일만 먹은 적이 있습니다.

이것은 용기를 내서 경험을 하며 부당한 두려움을 떨쳐버리는 것이 중요하다는 것을 실천적으로 보여주는 교훈이었습니다.

한국 음식 가운데 가장 유명한 것이 김치인데 신기합니다. 그런데 김치는 식탁에서 주식이 아니며 한국음식과 함께 늘 제공되는 단지 사이드 접시 즉 반찬일 뿐입니다.

한국음식을 먹는 방법을 말씀드리자면 손가락 사이에 나무나 쇠로 된 젓가락을 손가락 사이에 끼워 이에 의존하여 사용한다는 것입니다. 유감스럽게도 저는 한국음식을 좋아함에도 불구하고 지금까지 젓가락 사용하는 방법을 배우지 못했습니다. 아마도 제가 이 방법을 배우기 위하여 또 다른 갑작스런 체험이 필요하리라고 봅니다. 저에게 젓가락 사용법을 가르쳐 주실 주인공이 될 분에게 미리 감사의 말씀을 드립니다.

저는 한국음식을 좋아하기 때문에 리야드에 한국음식점이 있는지 없는지 제 스스로 수소문하고 있음을 알게 되었습니다. 그 음식점의 이름은 '비원'이며 제가 입구에 서있는 사진을 여기 첨부합니다.

저는 이 음식점에 한국친구나 사우디친구들과 몇 차례 갔으며 여기에 어느 이벤트를 하면서 찍은 사진 한 장을 첨부합니다.

*사진설명: 리야드의 한국음식점 '비원' 앞에 서있는 필자.

*사진설명: 리야드의 한국음식점에서 한국과 사우디의친구들과 함께 한 사진.

여러분은 한국음식을 체험하는데 제가 주저했던 것처럼 주저하지 마세요. 한국음식을 여러분의 나라에서 맛을 보셨다면 그것은 아주 좋은 체험입니다. 현재 서울의 중앙 이슬람 성원과 가까운 이태원 지역에는 할랄 한국음식을 맛볼 수 있습니다. 거기 한국음식이 놓여있는 식탁에서 여러분을 뵈었으면 합니다. 거기서 점심을 함께 할 여러분을 위한 초청장이 있습니다.

04

공대생들과 함께 한국방문

4. 공대생들과 함께 한국방문

2019년 겨울, 날씨가 아주 추운 시기에 저는 한국을 방문하기 위하여 사우디 리야드 소재 킹 사우드대학교의 공과대학 학생들의 인솔자로서 한국에 왔습니다. 학생들의 수는 8명이었으며 그들은 학업도 우수하고 예의도 바른 학생들이었습니다.

이 방문은 한국의 눈부신 공학분야의 성과물들을 알아보는 것과 그것들이 어떻게 진행되었는지, 그리고 그것을 사용하는 방법과 우리 친구인 한국 국민들의 문화를 알아보는 것을 목표로 하였습니다.

저는 방문에 앞서 공과대학장이신 왈리드 자히드 박사님 그리고 학생들과 함께 리야드 주재 한국대사님을 방문하였습니다. 그는 존경할만한 분으로 우리에게 한국-사우디 관계 역사에 관한 중요한 자료들을 주셨습니다. 방문시에 필요한 중요한 몇 가지 지침도 제공해 주셨습니다. 대사님께 감사를 드렸으며 여기에 그분과 함께 한 사진을 첨부합니다.

*사진설명: 한국대사관에서 한국대사님과 한 컷!

이 방문은 10일이 소요되었으며 우리는 서울에 있는 Family Hotel에서 묵었는 데, 무슬림들 전용 예배실도 마련되어 있었습니다. 또한 카펫, 꾸란, 끼블라(이슬람에서 메카를 향해 예배보는 방향) 표시도 되어있었습니다. 호텔 사무실 측에 감사도 드렸습니다.

문화와 휴식 차원에서 학생들은 국립박물관과 남산타워, 그리고 왕궁들을 방문하였습니다.

학생들은 스키여행도 떠났으며 그것은 그들에게 특별한경험을 선사하였습니다.

공학분야의 방문은 킹 사우드대학교의 몇몇 한국교수님들이 주선해주신 덕분으로 몇 차례의 방문을 할 수 있었습니다. 그들에게 다시 한번 감사를 드립니다.

우리가 방문한 모든 회사들에서 만난 한국사람들은 매우 존경스러웠고 그들은 우리에게 많은 관심을 보여주셨습니다. 그들에게 감사를 드립니다. 이러한 극진한 환대와 고매한 인품은 학생들에게 한국사람에 대한 그들의 시각에 긍정적인 영향을 남겼습니다.

우리는 다음과 같은 장소를 방문하였습니다:

1. 현대자동차
2. 현대제철
3. 삼성전자
4. 한국도로공사
5. 한국에너지공단
6. 포스코 건설

우리들이 견학한 것을 기록해보면 다음과 같습니다.

① 학생들 수송을 위한 특별차량은 편리한 사양을 갖고 있었으며 운행시에 철저한 규칙을 지켰습니다.

② 일부 여행거리는 4시간이 걸렸으며 도로는 여행하는 동안 내내 재미있었습니다.

③ 할랄 음식 제공에 심혈을 기우려주신 모든 회사에게 다시 한번 진심으로 감사를 드립니다.

④ 모든 회사들은 모든 정성을 쏟아 그들의 경험을 소개하는 데 열정적이었으며 학생들은 이를 배우려고 적극적이었습니다. 우리가 방문한 어느 회사의 직원 한 분은 이렇게 높은 관심을 가진 방문객들은 본적이 없다고 하였습니다.

⑤ 날씨가 추웠음에도 불구하고 학생들의 열기는 날씨를 포근하게 할 정도로 뜨거웠습니다.

이 방문은 미래에 공학분야에 있어서 사우디아라비아와 한국간의 보다 더 공고한 상호협력을 다질 수 있도록 한국의 경험들을 엿볼 수 있는 기회가 되었습니다. 이 결과로 예를 들면 공과대학 학생들이 여름에 인턴쉽 기회를 한국회사에서 갖게 되었습니다.

우리가 방문하였던 현대 자동차 사진을 첨부합니다.

*사진설명: 현대자동차를 방문한 공대학생들과 함께!

또한 우리의 방문일정 중에는 주한 사우디아라비아 문화원장이신 사미 알압둘와합 박사님을 방문한 일도 있었습니다. 그는 한국 교육의 장점에 대한 이유에 대하여 자신의 경험과 알고 있는 바를 말씀해 주셨습니다.

*사진설명: 주한 사우디아라비아 문화원장이신 사미 알압둘와합 박사님과 방문기념으로 한 컷!

학생들은 또한 서울의 이슬람교 중앙성원을 방문하였습니다. 중앙성원의 쉐이크 압두르라흐만 이주화 이맘님이 우리를 접견하였으며 중앙성원의 활동에 대하여 학생들에게 말씀해 주셨습니다. 그 분에게도 감사를 드립니다. 그리고 한국사람들이 이슬람의 진실을 알고 나서 많은 수가 이슬람교로 입교를 하였다고 말씀하셨습니다.

*사진설명: 서울 중앙성원의 쉐이크 압두르라흐만 이주화 이맘과 접견을 하고 난 후 한 컷!

전체적으로 이번 방문은 공학분야에 있어서 지식습득이 가장 컸던 방문이었습니다.

그리고 이번 방문에 도움을 주신 모든 분들께 감사의 인사를 보내며 특별히 공과대학장님 그리고 방문을 도와주신 회사들에게도 감사를 드립니다.

05

한국에서 나를 슬프게 한 큰 문제

5. 한국에서 나를 슬프게 한 큰 문제

어느 사회이든지 그 사회가 겪고 있는 문제들이 있습니다. 왜냐면 우리 인간은 완벽하지 않기 때문입니다. 한국은 산업발전으로 세계를 놀라게 하였으며 강인한 불굴의 독보적인 의지의 롤모델이 되었습니다. 한국인 여러분은 그것에 자부심을 가질 자격이 있습니다. 한국의 이러한 전례 없는 성과의 그늘아래에는 국가적 문제라는 명명할 수 있는 커다란 문제가 눈에 띄었습니다. 이 문제는 바로 자살률이 높다는 것입니다.

2014년 통계에 의하면 14000명의 한국사람이 자살을 하였으며 이 수치는 한국을 세계의 자살률 순위에서 두번째로 올려놓았습니다. OECD가 2018-2020 자살률을 발표한 통계에 따르면 42개 회원국 중에서 10만명 당 24.1명으로 한국은 순위 1위를 기록하였습니다.

이 문제가 워낙 광범위하게 확산되어 있기 때문에 저는 한국에서도 이러한 현상을 줄이고자 하는 단체들이 있다는 것을 알고 있습니다. 2023년도에 한국 정부는 우울증을 앓고 있는 100만명의 사람들의 자살을 막기 위하여 전문가를 배치하여 2024년 7월부터 국가 및 공공기관 그리고 학교종사자 등 1600만명을 대상으로 자살예방교육을 실시한다고 밝혔습니다. 이것은 한국을 사랑하는 모든 사람들을 슬프게 하는 큰 재앙임에 틀림없습니다.

그러나 문제의 원인들은 무엇일까요? 그것의 치유책은 무엇일까요? 언젠가 제가 한국을 방문했을 때에, 한 저널에서 연구논문을 보았는데 이 논문은 이 자살률에 대하여 논하고 있었습니다. 그 논문은 한국의 자살률의 가장 중요한 원인들을 다음과 같이 지적하였습니다.

① 경제적 문제
② 교육문제

③ 일자리 문제
④ 사회적 문제
⑤ 질병
⑥ 고독

또한 이 연구는 한국사회의 연령대별로 이러한 원인들의 존재범위에 대해서도 언급하였습니다. 여기에 덧붙여 이 연구는 자살활동이 이루어지는 방식의 본질에 대해서도 언급하였습니다. 이 연구는 남자들은 자신을 한강의 특정지역에 목을 던짐으로써, 여자들은 대부분 집에서 독성물질을 마시는 방식으로 자살을 한다고 언급하였습니다. 이 연구가 보도된 사진을 첨부합니다.

*사진설명: 한국인 자살 유병률에 대한 조사 보도 자료

한국을 사랑하는 일부 사람들은 “왜 무슬림이 자살하는 경우는 드물까?!”라는 책을 편찬하였습니다. 이 책은 이 현상을 논하면서 이에 대한 해결책을 이슬람은 어떻게 내놓았는 지를 논의하고 있습니다.

언급한 책의 겉장을 여기에 첨부합니다.

*사진설명: '왜 무슬림들은 자살하는 경우가 드물까?'라는 책의 표지

우리는 이슬람의 은총에 대해 알라께 감사드립니다. 이 은총은 먼저 감사를 드리고 그 다음 이를 전파해야 합니다. 한국은 이 문제에서 구해줄 누군가가 필요하며 행복으로 인도해줄 누군가를 기다리고 있습니다! 우리 무슬림들 외에는 어느 누구도 그것을 할 수 없습니다. 우리는 실천하고 있는 가요?

06

한국에 있는 투자자들

6. 한국에 있는 투자자들

한국은 경제적인 면에서 튼실하여 외국투자에 대하여 문호가 개방되어 있습니다. 세계 각지의 많은 투자자들이 한국으로 가고 있습니다. 한국은 투자자들에게 다양한 장점과 매력적인 편의를 제공하고 있습니다. 한국에서 외국인 투자는 한국 수입의 커다란 원천이 되고 있습니다.

만약 그들이 한국에서 투자를 원하지 않았거나 체류를 하고 싶지 않았다면 한국에 살지도 않았을 것입니다. 그들은 자국과 한국을 위하여 긍정적인 수익을 창출하는 다양한 여러 경제활동을 하고 있습니다. 이 투자자들 가운데 성공적인 경험을 가진 세가지 사례를 소개할 까 합니다.

1/리비아 출신의 하이쌈 알무드똬르디의 경험

하이쌈은 그의 경험에 대하여 다음과 같이 이야기합니다:

"2004년에 처음으로 한국의 인천국제공항에 도착하였을 때에 제가 한국문화를 사랑하고 한국에서 직접 투자하게 될 줄은 미처 생각하지 못했습니다. 저의 첫 한국방문은 비즈니스 방문이었으며 한국친구들과 제가 거래를 하면서 아주 큰 이득을 보았음을 주목해 주셨으면 합니다. 그리고 알라의 은총으로 많은 외국인 투자자들이 생겼으며 그들은 한국인들과 성공적인 관계를 형성하였습니다. 또한 그들은 한국사람들과 그들 사이의 두려움을 없애는 데도 성공하였습니다. 한국사람들은 부끄러움이 많은 민족이나 의지가 강한 민족입니다. 한국사회는 투자하기에 아주 적합한 체계적이고 민주적인 사회입니다. 알라의 덕분으로 한국 친구들과 아랍인 그리고 무슬림들 간에 상호협력을 바탕으로 완벽한 분야가 탄생하게 되었습니다."

사진설명: 하이쌈 알무르똬르디

2/요르딘 출신의 아나쓰의 경험

아나쓰는 자신의 경험을 나음과 같이 말합니다: "1998년에 한국의 중서부에 있는 인천시로 온 저의 첫번째 여행은 미지 세계로의 여행과 같았습니다. 제가 갖고 있던 한국에 관한 정보는 '건설분야와 지금 우리가 보고 있는 만큼 확산되지 않았던 자동차 산업에서 성공한 나라이다'라는 정보 외에는 아무것도 없었습니다. 제가 한국에 도착했을 때에 제 시선을 끈 것은 한국사람들이 소심한 사람이라는 것과 그러나 낯선 사람들을 잘 도와준다는 것이었습니다. 당시에 저의 가장 원초적인 장애물은 바로 한국어를 모른다는 것과 영어를 말하는 한국사람들이 소수였다는 점이었습니다. 알라의 덕분에 저는 2000년에 투자분야로 뛰어들었고 한국이 안전하기 때문에 성공하게 되었습니다. 저는 역사적 중요성과 전략적 위치에 소재한 인천시의 초기 투자자들 중에 한 명이었습니다. 감사하게도 저는 인천시에 한국에서 두번째로 큰 이슬람센터가 건립되는 것을 본 목격자입니다.

저는 이 센터가 한국 친구들이 이슬람이 광신적이고 엄격함과는 거리가 멀고 이슬람의 온건한 모습을 알게 되는 계기가 되길 바랍니다.”

*사진설명: 아나쓰 알아미르!

3/파디 쑤나 박사의 경험

팔레스타인 출신의 파디 하쑤나 박사의 경험을 다음과 같이 이야기합니다.

“한국에서 무역회사 사장으로서의 나의 경험: 저는 2005년에 한국에서 무역업을 시작하였습니다. 저는 한국정부로부터 무역회사 사무실 개설과 필요한 허가증 발급을 받았습니다. 그 당시에 저는 한국에서 첫해는 한국의 어느 한 대학교에서 석사과정을 마쳤습니다. 저의 한국어 실력은 여전히 서툴렀습니다. 그러나 다른 사람들과의 상호소통은 가능할 정도로 충분하였습니다.

자동차와 이의 여러가지 부품수출 회사로 무역회사 일을 시작함과 동시에 일에 대한 저의 열정은 점점 커졌습니다. 특히 한국고객들을 만날 때마다, 회사 사장이 나이가 24살 밖에 안 된 외국인이라는 사실에 그들은 놀라곤 하였습니다. 저는 그들의 저에 대한 사랑과 존경심을 느끼곤 하였습니다. 그들 중에 많은 사람들이 저와 상호 소통하길 갈망

하였으며 저를 안심시키기 위하여 한국 명절이나 행사 시에 저에게 축하를 해주시곤 했습니다.

회사 일을 계속하면서 저도 한국인처럼 법 앞에서 보험과 사회보장 측면에서 권리와 의무가 있다는 것을 깨닫게 되었습니다. 외국인 투자자에게 많은 금지 조항을 두고 있는 많은 국가들과는 달리 세법에 있어서 한국인과 외국인은 책임과 의무가 동일합니다.

저의 한국어 능력은 날마다 계속 향상되었으며 저의 한국어 실력이 향상될 때마다 저는 한국사람들의 마음에 더 가까이 다가갈 수 있었습니다. 언어는 이 사회에서 공존하는 비결입니다. 여러분이 한국어로 말하게 되면 여러분과 그들 사이의 장벽은 언어로 제거될 것입니다. 그들은 여러분이 그들의 구성원들 중 일원이 되었다고 느끼며 여러분과의 상거래에서 더욱 신뢰하게 될 것입니다.

한국사회가 나머지 사회들과 구별되는 점이 있습니다. 한국사회는 본질적으로 동양적이고 매우 보수적입니다. 여러분은 연장자에 대한 존경심을 발견하게 될 것입니다. 또한 한국사회에서 여러분은 우리 사회에서 많이 보기 드문 동전의 양면과 같은 겸손과 염치를 목격할 것입니다.

저는 이 회사 업무를 계속 진행하였으며 알라의 은총으로 회사는 발전을 했습니다. 저에게는 동종의 많은 친구들이 생겼습니다. 그 가운데는 상생하는 회사 사장님들과 경쟁하는 회사 사장님들도 있었습니다. 우리는 가끔 함께 소풍을 떠나기도 하였으며 저는 특히 이슬람 명절에 아랍음식을 함께 먹으려고 그들을 초대하였으며 우리의 종교인 이슬람과 우리 아랍의 문화와 관습에 친숙해지도록 하였습니다.

날이 갈수록 저는 이 사회의 특성과 생각하는 것을 이해하기 시작하였으며 이것은 저에게 고객응대의 방법을 수월하게 습득하도록 하였습니다. 한국사람은 성미가 급하고 끈기가 있으며 시간낭비를 좋아하지 않습니다. 그리고 그들은 최대한 빠른 시간 안에 자신의 일을 끝내고 싶어합니다. 약속시간 지키기, 특히 업무 약속시간 지키기를 좋아합니다.

한국에서 처음에 제가 부닥쳤던 가장 큰 장애물은 바로 할랄 음식을 제공하는 곳이 없었다는 점입니다. 육류고기, 즉 돼지고기는 대부분의 음식 식재료에 들어가 있었습니다. 그러나 저는 이 문제를 제가 외국인들 전용 수입상품을 파는 몇몇 상점에서 수입한 할랄 고기를 사오고 결혼 후에는 제 아내가 집에서 음식을 준비함으로써 해결하였습니다.

사실, 저는 아름다운 자연과 예의 바르고 수줍어하는 한국사람이 있는 이 나라를 사랑합니다. 제가 고국으로 돌아갈 때마다 이 나라를 그리워하여 늘 다시 방문하려고 돌아오곤 합니다. 제가 이 나라에 10년 이상을 살면서 한 가지, 즉 이 나라에서 이슬람의 교세가 약하다는 것 외에는 저를 귀찮게 하거나 제 삶의 평온을 방해하는 어떤 것도 발견하지 못했습니다. 이 나라에는 종교 자유와 선교의 자유가 있음에도 불구하고, 한국의 무슬림들은 언급할 수 없을 정도로 극소수입니다. 아직 한국 이슬람 공동체의 형성은 결실을 맺지 못하고 있습니다. 저는 늘 알라께 그들을 올바른 길로 인도해주시고 그들의 마음이 이 참다운 종교를 받아들일 수 있도록 해주소라고 간구합니다.

우리는 한국이 더 번영하고 안정되기를 바라며, 한국 국민들의 행복과 평화를 기원합니다. 저는 일부 기업인들처럼 이기적이지 않지만, 사우디아라비아를 비롯한 다른 나라의 기업인들에게 한국에 투자하고 이전 투자자들의 경험으로부터 유익함을 얻게 되길 바랍니다."

*사진설명: 파디 하쑤나 박사!

07

한국의 사우디아라비아 유학생들

7. 한국의 사우디아라비아 유학생들

한국에는 해마다 다르지만 2013년에 약 441명의 사우디 남녀 학생들이 공부하고 있었으며 2023년 현재는 123명으로 이들은 공학 등 여러 분야에 포진되어 있습니다. 사우디문화원은 그들이 학업을 마칠 수 있도록 관리하고 도와주고 있습니다. 사우디의 유학생의 한국 파견은 2004년부터 시작되었습니다. 학생 수는 상황에 따라 늘어나거나 줄어들고 있습니다. 학사과정은 학생들에게 한국어를 배울 것을 요구하고 있습니다. 실제로 사우디 학생들은 한국어를 배웠으며 이것은 미래에 그들에게 유용할 것입니다. 많은 학생들이 졸업을 하고 사우디로 귀국하여 현재 다양한 분야에서 종사하고 있습니다. 그 분야들 가운데는 사우디아라비아 왕국에서 일하고 있는 한국회사들도 있습니다.

저는 한국에서 많은 사우디 학생들을 알게 되었으며 한국에서 졸업을 하고 지금 사우디에서 일하고 있는 학생들도 알게 되었습니다. 그들 모두는 학업을 병행하면서 교육적, 사회적 측면에서 긍정적인 경험을 했습니다.

저는 한국에서 대학을 졸업한 이 학생들 가운데 3명의 경험을 전해드리고자 합니다. 그들은 한국에서 5년이상 경험한 학생들입니다.

1/엔지니어 오베이드 알쑤바이

엔지니어 오베이드 군은 2016년에 인천시에 소재한 인하대학교에서 도시공학과를 졸업하였습니다.

그는 자신의 경험에 대하여 다음과 같이 이야기하고 있습니다:

"한국에서의 저의 경험은 2013년 3월에 시작되었습니다. 그것은 디플로마를 마친 후에 학사과정을 마치기 위한 것이었습니다. 그것은 두 단계로 이루어져 있으며 첫 단계는 한국어를 공부하는 것이고 두번째 단계는 대학의 본과에서 공부하는 것이었습니다. 한국도 다른 나라와 마찬가지로 부정적인 면과 긍정적인 면이 상존합니다.

그러나 제가 마음에 들었던 점은 한국 국민들은 착하고 서로 협력하며 상대를 존중한다는 점이며 그리고 질서를 위반하지 않고 타인을 해치지 않고 사회적 책임감이 있다는 것이었습니다. 그리고 학생들의 능력과 그와 나머지 교우들과의 관계를 알기 위하여 선생님들이 학생들을 가까이하고 있다는 점과 학생들에게 일의 숙련을 위해 훈련시키고 있는 점, 국가에 대한 사랑과 정부에 대한 감사와 빠른 업무 집행이었습니다. 어떤 지역을 떠났다가 두 달 후에 돌아오면 2층 또는 3층 건물이 세워져 있고, 밤에는 집 앞 도로를 파헤치는 모습이 거의 보이지 않다가 아침에 일어나면 아무 일도 없었다는 듯이 공사가 끝나 있었습니다.

부정적인 면을 말씀드리면 공공 장소에서 한국 무슬림을 볼 수 없는 것과 여름의 높은 습도, 겨울의 매서운 추위 그리고 라마단월 낮 동안에 영성과 신앙을 잃어버린다는 점입니다.

*사진설명: 오베이드 알쑤바이

2/ 엔지니어 마지드 알하이다리

엔지니어 마지드 알하이다리는 2019년 서울에 소재한 한양대학교에서 기계공학과를 졸업하였습니다. 그는 자신의 경험에 대하여 다음과 같이 이야기하고 있습니다.

"한국에서의 저의 경험은 여러가지 측면에서 다양합니다. 그 가운데 중요한 점은 다음과 같습니다.

- 근면의 중요성 그리고 잠의 포기: 학생은 4시간 이상 잠을 자서는 안 되는 것입니다.
- 특히 현대자동차 생산품 중에 하나인 액센트 시트의 진동 저감 연구를 위해 실험실에서 일했던 점입니다.
- 존경받는 한국인 가족과 함께하는 홈스테이: 그 가족의 어머니는 무슬림이 아닌 데도 예배할 시간을 알려주곤 했던 일입니다.
- 한국의 산업분야의 대성공: 그러나 그것은 인도주의적 측면의 희생의 대가이며 그들의 행복은 줄어들고 자살률이 많아지고 있다는 점입니다.
- 한국음식의 건강식: 이것은 한국인들은 비만율이 적다는 것을 보여주고 있습니다.

*사진설명: 마지드 알 하이다리

3/ 엔지니어 압둘라 알싸낄

압둘라 알싸낄은 2018년에 인천에 소재한 인하대학교에서 컴퓨터공학과를 졸업하였습니다. 그는 자신의 경험을 다음과 같이 이야기합니다:

"저의 6년 간의 경험은 문화, 심리, 과학분야의 다양한 경험들로 가득 차 있었습니다. 저의 한국에서의 저의 경험들 가운데 저의 경험과 한국 국민들의 관심사에 대하여 요약하여 써보겠습니다.

그것은 다음 몇 가지로 요약할 수 있습니다:

첫째 부분은 과학과 관련된 부분입니다. 과학분야들이 한국 국민과 그들의 정부의 관심사가 공감되는 분야들이 아니었다면, 세계 산업화에서 주요한 플레이어로서 한국의 존재는 없었을 것이라는 것은 어느 누구에게도 비밀이 아닙니다. 대학교 동료들의 한결같은 근면함은 저에게 충격이었습니다. 제가 -특히 공대에서- 제가 다음과 같은 말을 건넬 수 있는 학생을 거의 찾을 수 없을 정도였습니다. '공부가 인생에 있어서 몇몇 단계에서 다른 어떤 것보다도 우선할 수 있을 지라도 인생에서 가장 중요성을 지닌 것은 아닙니다.' 학생들이 일반적인 도서관과는 달리 샤워실이 있는 도서관에서 보내는 밤과 거기에 있는 학생들의 수에 당신은 놀라게 될 것입니다. 그리고 산업과 공학 분야에서 한국을 변화시키고 세계 여러 나라보다 앞서 발전시키기 위해 노력한 사람들을 보면 이 모든 것이 경이로움으로 다가옵니다.

두 번째 부분은 제가 한국에서의 인간관계 또는 인간관계에서의 저의 경험을 말씀드리겠습니다. 처음에 저는 한국인들의 특성이 모두에게 우호적임에도 불구하고 한 명의 친구도 사귈 수가 없었습니다. 그러나 학문적이고 실제적인 생활이 그들에게 새 친구들을 사귈 기회를 주지 않고 있습니다. 그래서 한국사람들은 한정된 친구들에 만족하고 있습니다. 일이나 학업으로 친구를 사귀는 일은 드문 편입니다.

그렇지만 몇 년 후에 크지 않은 한 무리의 친구들을 사귀게 되었습니다. 이 덕분에 한국에서의 학업 경험은 색다른 경험으로 바뀌었습니다. 한국인들은 원래 낯선 사람에게 친절하고 도움을 주는 편입니다. 만약 그들 중에 친구가 있다면 그는 물론 한국 문화와 한국 사회에 대한 이해도가 높은 좋은 경험을 할 수 있도록 자신의 시간을 기꺼이 늘 할애할 준비가 되어있는 친구를 의미합니다.

*사진설명: 엔지니어 압둘라 알싸낄

08

한국의 무슬림들

8. 한국의 무슬림들

2013년 저의 한국의 첫 방문시 공학 컨퍼런스 참석차 금요일 점심시간에 저는 공대 학장님과 서울에 있는 이슬람중앙성원(한국이슬람중앙회)를 방문하였습니다. 우리는 중앙회 이맘님을 만났으며 그로부터 한국의 이슬람 현황을 알게 되었습니다.

다음과 같이 한국의 이슬람의 존재에 대하여 요약할 수 있습니다:

① 한국에 이슬람이 처음으로 들어온 것은 1950년입니다. 한국전쟁 당시에 북한 공산주의자들의 침략에 맞서 한국과 함께 싸우기 위해 유엔군과 함께 온 튀르키예군이 들어와 튀르키예인들이 한국민을 위해 모스크를 지었고, 이후 일부 한국인들이 이슬람을 알게 되면서 약 4000명의 한국인이 이슬람에 입교했습니다.

② 서울의 중앙성원은 1976년 한국 정부가 무슬림에게 제공한 땅에 건립되었습니다. 한국정부에 감사를 드립니다. 여러 무슬림 국가들이 건축에 참여했습니다.

③ 현재 서울에는 모스크가 한 곳(서울 중앙성원) 밖에 없지만, 한국에는 약 18개의 모스크와 약 100개의 소규모 무쌀라(소예배처)가 있습니다.

④ 한국 무슬림의 수는 약 35,000명입니다.

⑤ 한국에 거주하는 외국인 무슬림은 인도네시아, 방글라데시, 파키스탄, 우즈베키스탄 출신이 대부분으로 약 20만 명의 무슬림 커뮤니티가 있는 것으로 추정됩니다.

⑥ 한국 정부는 모든 이들에게 종교의 자유를 보장하고, 한국 국민들은 무슬림의 존재를 존중하기 때문에 무슬림들은 예배와 의식을 자유롭게 실천할 수 있는 자유를 누리고 있습니다. 모두에게 감사를 드립니다.

⑦ 서울 중앙성원 산하에는 무슬림 자녀를 위한 이슬람 학교인 '술탄 빈 압둘 아지즈 왕자 학교'가 있습니다.

⑧ 서울센터는 주말에 약 200명에 달하는 센터 방문객을 위해 이슬람을 한국어로 설명하는 책을 인쇄해 배포하고 있습니다. 서울 중앙성원의 사진이 첨부되어 있습니다.

이 중앙성원은 많은 사람들이 방문하는 건축직 렌드 미그로 서울 용산구의 이태원 지역에 위치하고 있습니다. 그리고 이곳에는 가장 유명한 한국 할랄 레스토랑을 비롯해 무슬림 커뮤니티에 서비스를 제공하는 가게들이 있습니다.

*사진설명: 서울 중앙성원

⑨ 서울 중앙성원 외에도 한국의 도시에는 다음과 같은 여러 성원들이 있습니다:
부산, 인천, 안산, 전주 등 여러 도시에 성원들인 모스크가 있습니다.

*사진설명: 부산성원

*사진설명 : 인천 이슬람성원

⑩ 킹 파흐드 성 꾸란 출판청에서 발행한 '성 꾸란의 한국어 번역본'이 국내 및 온라인에서 판매되고 있습니다.

⑪ 서울 성원에서 약 100m 떨어진 이태원 지역에는 한국어와 영어로 된 이슬람 서적을 판매하는 서점이 있습니다.

⑫ 웹 측면에서는 이슬람에 대해 설명하는 여러 웹사이트들이 있는데, 그중 가장 중요한 웹사이트는 다음과 같습니다:

– koreaislam. org
– islaminkorea. net
– Korealight.tv

⑬ 매년 한국 무슬림들이 사우디아라비아의 메카와 메디나에 가서 핫즈(대순례)와 우므라(소순례)를 행하고 있으며, 카딤 알하르마인 알샤리파인(두 성지의 수호자)프로그램은 그들 중 일부를 초청하고 있습니다.

한국의 무슬림들은 종교 자유에 대한 한국 정부의 존중을 바탕으로 편안하게 그들의 종교를 실천하고 있습니다.

또한 그들은 또한 조국인 한국을 사랑하며 한국의 행복과 안정, 평화를 기원합니다. 한국인 무슬림들은 다양한 분야에서 한국과 이슬람 세계 간의 우호 관계를 강화하는 데 큰 역할을 하고 있습니다.

09

한국어와 아랍어

9. 한국어와 아랍어

첫 한국 방문 전에 저는 한국어와 중국어가 같은 언어라고 생각했는데, 이번 방문을 통해 한국에는 독자적인 언어, 독자적인 역사와 독자적인 왕국들이 있었다는 것을 알게 되었습니다.

이는 한국이 다른 나라보다 앞서 있다는 것을 보여줍니다. 한국어는 알파벳이 있으며 이는 사물의 형체나 기호에 의존하지 않습니다. 한국 역사에서 제가 주목한 가장 중요한 인물 중 한 명은 위대한 업적을 남긴 세종대왕입니다. 그의 가장 중요한 업적들 중에 하나는 약 700년 전에 한국어의 문자를 창제한 일입니다.

저는 한국을 사랑하기 때문에 한국어를 배우려고 노력했습니다. 저는 개인적으로 노력했고 리야드에서 한국어를 공부하기 위해서 단기 과정에 다니기도 했습니다. 많은 것을 배우고 많은 단어를 외웠지만 저는 몇 문장밖에 말할 수 없었습니다. 저는 한국어를 유창하게 말할 수 있는 날이 오길 바랍니다.

저는 한국어는 배우기 어렵지 않다고 생각하고 있지만 다른 언어들과 마찬가지로 연습이 필요합니다. 글자의 발음은 비슷할 수 있지만 아랍어나 영어와는 문장 구조가 다릅니다. 한국어에서는 동사가 문장의 맨 뒤에 오는 반면, 아랍어에서는 동사가 맨 앞이나 중간에 옵니다. 덕분에 아랍권에는 한국어를 가르치는 대학이 여러 곳이 있는데, 그 중 가장 중요한 대학은 다음과 같습니다:

이집트 카이로에 있는 아인 샴스 대학교와 요르단 암만에 있는 요르단 대학교입니다.

사우디의 대학 중 한 곳인 술탄대학교에서도 한국어를 가르치고 있습니다.

2023년 10월 23일에 한국의 윤석열 대통령님이 킹사우드 대학교에서 특강을 할 때에 한국어를 가르치는 곳은 적극적으로 도와주겠다고 하셨습니다. 앞으로 기대가 됩니다.

제가 한국에 대해 좋아하는 것 중 하나는 한국인들이 한국어에 대한 자부심이 강하고, 한국어가 여러 곳에서 지배적인 언어라는 점입니다. 한국은 미국을 비롯한 여러 나라와 긴밀한 관계를 맺고 있음에도 불구하고 한국인과 의사소통이 필요할 때 영어를 할 줄 아는 사람을 찾지 못할 때가 많았습니다. 물론 호텔이나 관광지는 예외적으로 영어가 통용되는 곳입니다.

한국어와 중국어, 일본어는 지리적, 역사적 근접성으로 인해 여전히 밀접한 관계를 유지하고 있습니다.

첨부한 사진은 한국의 한 거리에서 한국어를 볼 수 있는 사진입니다

*사진설명: 대부분 장소에서 한국어를 볼 수 있음.

한국어의 또 다른 두드러진 특징들 중에 하나는 타인과 소통할 때에 다양한 형태의 존댓말이 존재한다는 점입니다. 이러한 형식은 화자와 청자 간의 관계에 따라 달라집니다. 이를 통하여 한국인은 타인을 높게 존중하는 민족임이 분명합니다. 왜냐면 한국인은 존중할만한 민족이기 때문입니다.

이것으로 보아 한국 사람들은 남을 크게 존경하는 민족임이 분명합니다. 그들은 존경할 만한 사람들이기 때문입니다.

유네스코는 매년 10월 9일을 한글날로 지정하여 기념하고 있습니다. 한국어는 화자수(남한과 북한을 중심으로 전 세계 약 8천만 명)측면에서 볼 때에 세계에서 열 두 번째 언어입니다.

한편, 한국에서는 약 6개의 대학에서 전공으로 아랍어를 가르치고 있으며, 그 중 가장 중요한 대학은 한국외국어대학교입니다. 이들 대학들은 매년 12월 18일에 '국제 아랍어의 날'을 기념하고 있습니다. 그리고 고려대학교를 비롯한 여러 대학교에서 아랍어를 선택과목으로 가르치고 있습니다.

리야드의 한식당에서 한국인 친구들과 함께 이 날을 기념하는 사진을 첨부합니다.

*사진설명: '세계 아랍어의 날' 축하

저는 한국과 아랍 세계가 서로의 문화유산을 번역하는 것은 필요하고 유용한 일이라고 생각합니다. 그래서 번역은 서로를 알아가고 가까워지며 상호협력할 수 있는 중요한 수단입니다. 이런 역할을 할 수 있는 주요 전략 프로젝트가 추진되기를 희망합니다. 일부 번역본이 있긴 하지만 아직 필요한 수준에는 훨씬 못 미칩니다.

10

사우디아라비아의 한국인들

10. 사우디아라비아의 한국인들

2019년 현재 사우디아라비아에는 약 3,000명의 한국인 남성과 여성, 어린이가 거주하고 있으며, 이들 대부분은 사우디아라비아에 진출한 한국 기업에서 근무하고 있습니다. 그들 중 일부는 사우디 대학에서 교수로 재직하거나 학생으로 공부하고 있습니다. 리야드와 젯다에는 한국 어린이들을 위한 한국학교가 있습니다. 리야드에는 한국식 공원이 있어서 좋습니다. 첨부한 사진은 한국 공원 사진입니다.

*사진설명: 리야드의 한국공원

저는 킹 사우드 대학교 공과대학 교수로서 같은 대학에서 5년째 근무하고 있는 세 분의 한국인 교수님들을 알게 되었는데, 근무 기간 동안 행복하고 좋은 시간을 보내셨기를 바랍니다. 세 분의 한국인 교수님 사진을 첨부합니다: 이 박사, 박 박사, 고 박사.

*사진설명: 킹 사우드대학교의 세분의 한국박사님들

같은 대학교의 사범대학에서 이슬람학을 공부하고 있는 한 학생이 있는데, 학업을 성공적으로 마치고 고국으로 돌아가 배운 것을 바탕으로 지금 H엔지니어링에 취업하여 양국 간의 교류에 큰 역할을 하고 있습니다. 그리고 한국인 최초로 같은 대학의 법정대학 법학과에서 공부하고 있는 학생도 있었습니다. 그도 앞으로 한국-아랍 간의 법률분야 교류에 큰 역할을 할 것이며 최우등으로 졸업한 아주 우수한 학생입니다. 현재 고려대학교에서 박사과정을 밟고 있습니다. 저는 모든 한국인들이 사우디아라비아에서 행복하게 지내길 바랍니다.

리야드의 외교 단지에는 대한민국 대사관이 있습니다. 2019년 현재 대사는 조병욱 대사님으로 사우디아라비아와 한국 간의 관계 강화를 위해 적극적으로 노력하고 있습니다. 그의 노고에 감사드립니다.

*사진설명: 한국대사님 방문을 하고 한 컷!

저는 리야드 주재 한국대사관에서 주최하는 여러 행사에 대사관으로부터 초대를 받았습니다. 첨부한 사진은 제가 참석했던 개천절 기념식 및 문화행사 사진입니다.

*사진설명: 한국대사님 방문을 하고 한 컷!

*사진설명: 한국 개천절에 한국학생들과 함께 한 컷!

*사진설명: 한국친구들과 특별행사에 초대받고!

이 특별한 행사 외에도 한국 커뮤니티는 다음과 같은 여러 장소로 친목여행을 떠났습니다: 우쉬까르 부족 유적 마을, 말방목장, 로드 트립 등이 있었습니다. 이러한 여행 중 일부의 사진을 첨부합니다.

*사진설명: 우쉬까르 유적마을의 한국가족들 여행

*사진설명: 한국친구들과 농장여행

이 여행은 재미있게 놀고, 친해지고, 서로를 알아가고, 사우디 사회의 문화를 설명하고, 한국 문화를 배울 수 있는 기회였습니다. 사회문화 여행으로 한국과 사우디의 축구 경기를 관람하는 등 스포츠 활동도 함께 했습니다. 참석해주신 모든 분들께 감사드리며, 특히 한인 커뮤니티와 함께 이 여행을 준비해 주신 이 박사님께 감사드립니다.

이번 여행은 즐거운 시간을 보내고, 서로를 알아가며, 더욱 가까워지고, 그들에게 사우디 사회의 문화를 설명하고, 한국의 문화를 배울 수 있는 기회였습니다. 이 여행은 사회적 문화적 여행으로 한국과 사우디아라비아 간의 축구 스포츠 활동도 있었습니다. 저는 참석해주신 분들께 감사드리며, 특히 이번 여행을 한인 커뮤니티와 함께 조직한 사랑하는 나의 친구인 이박사님의 돋보이는 노력에 감사드립니다.

첨부된 사진은 이박사님 따님의 사진입니다.

*사진설명: 친목여행 중 이박사님의 따님 한 컷!

리야드에는 한인 커뮤니티에 필요한 한국 제품을 판매하는 한국 식품점이 있습니다. 한국 음식을 파는 '비원' 레스토랑과 여러 개의 체인점이 있는 카페 베네도 있습니다.

많은 한국인들은 아랍 커피와 사우디 음식을 즐기고 있습니다. 아마도 처음에는 아랍 커피가 그들의 입에 맞지 않을 수도 있었겠지만, 시간이 지나면서 특히 사우디의 유명한 대추야자와 함께 즐길 수 있게 되었습니다.

사우디에 거주하는 한국인 중 일부는 사우디가 일 년 내내 더운 줄 알았다고 저에게 이야기했습니다. 하지만 그들은 한국의 혹독하게 추운 겨울보다 이곳의 겨울이 더 좋다는 것을 알게 되었습니다. 그들 중 일부는 사우디아라비아가 사막의 나라라고 생각하는 분들도 있었습니다. 사우디 남서부에는 아름다운 산악 지역이 있다는 것은 사우디에 거주하고 있는 모든 한국인들은 알고 있을 거라고 생각합니다.

물론 사우디에 있는 한국인들이 사우디아라비아에 대해 좋지 않은 점을 발견한 것은 자연스런 일입니다. 이와 관련하여 그들이 언급한 것 가운데 일부 운전자들이 교통 규칙을 지키지 않으며 자동차를 운전한다는 것이었습니다.

네, 이것은 존재하는 현실 문제입니다. 사우디아라비아의 교통사고 사망자 수가 2022년에 4,555명으로 매년 줄어드는 추세입니다. 이는 세계에서 높은 비율에 속합니다. 하지만 많은 노력을 기울이고 있습니다. 저는 이 분야의 안전운전운행문화가 정착되길 희망합니다. 저는 타인의 생명과 재산, 감정을 고려하는 이슬람 가치와 원칙에 상충되는 이 문제가 존재하는 것을 유감스럽게 생각합니다.

11

나를 놀라게 한 업적들!

11. 나를 놀라게 한 업적들!

한국인은 전 세계에서 인정받는 위치에 오를 수 있도록 훌륭하고 독특한 업적들을 많이 이루어 냈습니다. 참혹한 전쟁에서 벗어난 1953년 당시의 한국은 세계에서 가장 가난한 나라들 중에 하나였습니다. 사우디도 전후에 2만달러를 기부하였습니다. 주한미군을 지휘하던 한 미국 장군은 한국의 참혹한 상황을 보고 이렇게 말했습니다: "향후 100년 동안 한국의 미래가 보이지 않았다." 하지만 한국인들은 불가능한 일을 해냈고, 다른 어떤 나라도 할 수 없었던 '한강의 기적'이라는 기적을 만들어냈습니다. 세계에서 두 번째로 가난한 나라였던 한국은 이제 세계 10위권의 경제 강국이 되었습니다.

이 기적은 50년이 채 안 되는 짧은 기간에 이루어졌습니다.

천연자원이 없는 한국의 인적 자원은 한강의 기적의 가장 중요한 요소였습니다. 근면하고 생산적인 사람을 만드는 것이 한국 부흥의 토대였습니다. 그러나 한국인들에게는 자신의 에너지를 투자하고 베푸는 방향으로 이끄는 리더십이 필요했습니다. 한국인들은 거의 만장일치로 박정희 전 대통령을 한강의 기적(1961년부터 1979년까지 18년 동안 대한민국을 통치)을 이룩한 인물로 인정합니다.

1/ 교육 성과

한국은 교육이 부흥의 토대라는 믿음으로 강력한 교육 시스템을 구축할 수 있었습니다. 한국의 교육은 초등학교 교사의 튼튼한 준비에 기반을 두고 있습니다. 이 단계의 교사는 앞으로의 다가올 일의 기초를 다질 사람이기 때문입니다. 그래서 지난 2024년 5월 2일에 사우디 유숩 빈 압둘라 교육부장관님은 초등교육의 중요성을 인지하고 서울 교육대학교를 방문하여 교원 양성 교육 과정을 요청하였습니다. 또한 한국은 직업 교육이 산업 발전의 기반이 되기 때문에 직업 교육에 큰 비중을 두고 있습니다. 대학교육은 비즈니스, 경제 및 산업과 밀접한 관련이 있습니다.

교육 분야에서 한국은 매우 발전된 성과를 거두었으며, 한국은 교육 분야에서 세계 3대 국가로 꾸준히 꼽히고 있습니다. 또한 한국은 연간 특허 등록 건수에서 272,000건으로 2023년 현재 세계 4위를 기록하고 있습니다.

*사진설명: 사학의 명문 고려대학교 본관

2/산업 성과

한국은 산업화에 필요한 많은 원자재를 구할 수 없었음에도 불구하고 산업화에 집중해 왔습니다. 부족한 부분은 수입으로 보완했고, 그 결과 한국 산업은 세계 시장을 힘차게 진출하여 한국의 경제파워의 토대를 형성했습니다. 저는 전 세계에 한국의 대기업인 삼성과 현대의 제품이 진출하지 않은 나라는 없다고 생각합니다. 이 두 회사는 제품 품질과 연구 개발에 집중하고 있습니다. 2013년 한국을 처음 방문하여 삼성을 방문했을 때 생산직보다 연구 개발직에 종사하는 사람이 더 많다는 것을 알았습니다.

*사진설명: 삼성그룹의 한 건물 사진

3/ 서비스 성과

여러분이 한국에 도착하는 순간부터 인천공항의 서비스와 처리 속도가 뛰어나다는 것을 목격할 것입니다. 이 공항은 여러 해 동안 세계 최고의 공항으로 선정되었습니다.

고속도로를 이용하면 안전성과 서비스 가용성 덕분에 여러분이 도시간 이동이라는 느낌이 들지 않을 정도로 고속도로를 즐길 수 있습니다. 도시 내 교통수단은 모든 형태와 합리적인 가격으로 이용할 수 있습니다.

의료 서비스는 많은 외국인들의 목적지가 되었습니다. 왜냐면 한국병원들이 모든 환자에게 치료, 편안함, 통역 등의 서비스를 제공하기 때문입니다. 정보 및 인터넷 서비스에 있어서도 한국이 글로벌 리더라는 것은 의심의 여지가 없습니다.

비록 과거에 한국은 모든 면에서 우리 아랍 국가들에 훨씬 뒤쳐져 있었지만 이제는 그들을 능가하게 되었습니다. 우리는 한국의 발전을 가져온 경험으로부터 혜택을 얻을 수 있습니다. 그러나 이와 동시에, 한국의 문화 중에서 도움이 되지 않고 오히려 해로울 수 있는 부분, 예를 들면 한국의 노래나 드라마에 대한 지나친 관심은 자제해야 합니다. 특히 이런 문화에 몰두하면서 피해를 본 아랍 세계의 많은 사람들, 특히 여성들이 있다는 점을 고려해야 합니다.

*사진설명: 서울의 가톨릭 성모병원

12

아름다운 한국의 랜드마크

12. 아름다운 한국의 랜드마크

한국은 푸르른 산악 자연이 아름다운 것이 특징이며, 여러 강이 국토를 관통하여 그 아름다움이 더욱 돋보입니다. 그 중에서 가장 유명한 강은 서울에 위치하고 있는 한강입니다.

한국의 기후는 겨울에는 춥고 여름에는 더운 경향이 있지만 봄은 온화하고 아름답습니다. 한국의 일 년 중 가장 좋은 계절은 가을입니다. 기온은 적당하며 나뭇잎은 여러 가지 아름다운 색으로 물듭니다.

한국에는 아름다운 명승지가 많이 있는데, 제가 본 가장 중요한 명승지는 다음과 같습니다:

1/왕궁들

왕궁들은 한국인들에게 각기 다른 시기의 궁궐입니다. 이 궁궐들은 나무로 지어졌으며 건축에 못을 사용하지 않았습니다. 이 목재들은 아름다운 기하학적인 방식으로 겹치거나 밧줄로 서로 연결되었습니다. 이 왕궁들은 우아함, 아름다움, 정교한 난방 시스템이 특징입니다. 나무를 태워서 발생하는 뜨거운 공기가 궁궐의 바닥을 통과하여 궁궐을 따뜻하게 합니다. 이곳은 위치상 통치자를 위한 중요한 궁궐이며, 안전과 편안함을 보장하기 위해 곳으로 선택되었습니다. 이 궁궐들은 관광 명소가 되어 여러 행사가 열리고 있습니다.

가장 유명한 궁궐 중에 하나는 경복궁입니다. 여기에 이 궁궐의 사진을 첨부합니다.

*사진설명: 서울에 위치한 경복궁

이 궁궐은 제가 처음 방문한 명승지였으며, 지금도 한국을 방문할 때마다 즐겨 찾는 곳입니다.

2/국립박물관

서울에 위치한 이 박물관은 전시물을 통해 한국의 역사를 알려주는 곳입니다. 이 박물관에서 저의 눈길을 사로잡은 것은 700년 전 아랍 무슬림 상인들이 한국에 상륙한 이야기를 담은 1분짜리 영상이었습니다. 영상에는 아랍 무슬림 상인들이 한국인들과 물품을 교환하는 모습과 그 지역의 한국 통치자의 방문 장면이 담겨 있습니다.

이 방문은 고려 시대에 이루어졌습니다. 영상 말미에 상인들은 이 지역의 이름을 '꾸리야'로 정하고 아랍 문자로 적었습니다. 쿠리야 즉 KOREA라는 이름은 그 이후로 계속 사용되어 왔으며, 바로 아랍상인들이 이 이름을 붙인 사람들입니다. 국립박물관에 이 사실이 기록되어 있음에도 불구하고 많은 한국인들은 이 사실을 모르고 있습니다.

앞서 언급한 동영상의 일부 스크린샷을 첨부합니다.

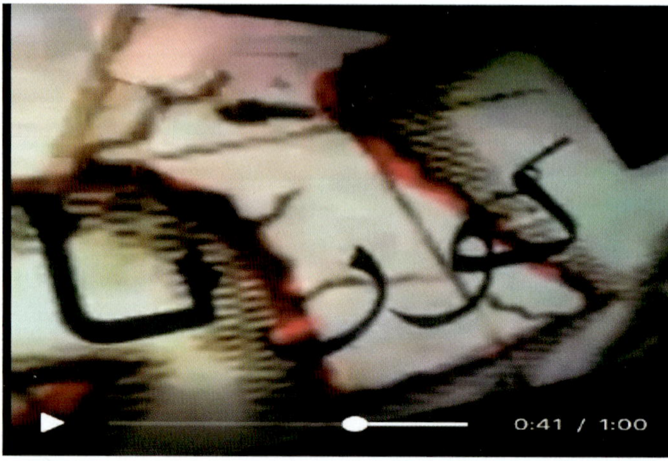

*국립중앙박물관의 한 섹션에서 아랍 상인들이 한국을 최초로 명명했음을 보여주는 이미지.

0:34 / 1:00

0:30 / 1:00

3/남산타워

서울 중심지의 높은 산 정상에 위치한 타워로, 타워 꼭대기로 올라가면 남한과 북한 사이의 중립지대를 볼 수 있습니다.

저는 이 타워를 서울을 바라보는 장소라기보다는 북한을 바라보는 장소라고 생각합니다.

당신이 타워 꼭대기에 오르면 한국의 다른 지역 즉 북한이 보이고, 전쟁과 분단이 일어난 것을 슬퍼하게 됩니다. 중립지대를 바라보며 탑에 오르면 아쉬운 마음과 함께 한국이 기나 긴 역사 속에서 그랬던 것처럼 통일이 될 것이라는 희망의 마음이 교차합니다.

분단은 국제 분쟁의 결과로 평화로운 한국 국민에게 희생을 안겼습니다. 저는 과거에 그랬던 것처럼 한국이 다시 하나가 되기를 희망합니다.

남산타워 사진을 첨부합니다.

*사진설명: 서울 중심의 남산타워

4/추가 명승지

앞에서 언급한 아름다운 한국의 명승지 외에도 한국의 아름다운 자연경관이 있습니다. 한강은 아마도 이러한 명승지 중에서 가장 눈에 띄는 곳일 것입니다. 서울 시내를 가로지르는 이 강은 대한민국과 수도에 멋진 생명을 불어넣어 줍니다. 이 강변에서 고층 건물, 다리, 아름다운 공원, 관광 여행을 할 수 있습니다. 아래의 이 아름다운 강의 사진을 감상하시길 바랍니다.

*사진설명: 수도인 서울의 동서를 가로지르는 한강

13

멋진 한국의 풍습과 도덕

13. 멋진 한국의 풍습과 도덕

한국인에게는 제가 매우 존경하는 생활 속의 관습과 도덕이 있습니다. 이러한 관습과 도덕은 한국 역사에서 그 기원을 찾을 수 있지만 유교가 가장 중요한 원천인 것 같습니다. 이러한 관습과 도덕, 도덕은 과거에 매우 강했고, 특히 서양과 외부 세계와의 접촉으로 인해 영향을 받은 것은 의심할 여지없이 분명합니다. 저의 언급은 세 가지 관습과 세 가지 도덕을 언급하는 것으로 제한하겠습니다:

1/ 방에 들어가기 전에 신발을 벗는 습관:

저는 한국인들 사이에서 집이나 다른 사람의 집에 들어가기 전에 이 습관을 발견했습니다. 음식이 바닥에 차려져 있는 대중 식당에 들어가기 전에도 이 습관을 발견했습니다. 저는 이 관습의 근원은 모르겠지만 장소를 청결하게 해주는 좋은 관습입니다. 왜냐면 신발은 보통 장소가 더러워질 수 있는 위험으로부터 안전하지 않기 때문입니다. 이 관습은 또한 한 장소에 모인 다른 사람들과 부적절하게 신발을 사용하지 않도록 보호합니다. 특히 튀르키예의 많은 무슬림들이 이러한 관습을 가지고 있습니다. 사우디 아라비아로 말하자면 보통 앉는 장소에 들어가기 전에만 신발을 벗습니다.

2/ 함께 식사하는 관습:

한국인은 함께 식사하는 것을 좋아하며 이를 친밀감과 사랑의 이유로 여깁니다. 이는 아름다운 관습이자 사회적 유대감을 형성하는 유용한 수단이라는 것은 의심할 여지가 없습니다.

*사진설명: 함께 식사하는 모습

이 관습은 알라의 사도인 무함마드(알라의 평화와 축복이 그에게 있기를)께서 사람들에게 모여서 함께 식사하도록 촉구한 것처럼 이슬람교의 전통인 무슬림들의 관습과도 일치합니다. 또한 한국인들은 최고 연장자가 식사를 시작하고 일어나기 전에는 일어나지 않는 것에 유의합니다.

3/ 단정한 옷차림의 관습:

한국 여성들은 정숙함과 아름다움이 특징이며 몸 전체를 가리는 자신만의 복장을 가지고 있습니다. 저는 특정 장소에서 한국여성들이 이 복장을 입은 것을 본적이 있습니다. 그러나 지금은 한국여성들이 주로 서양식 복장을 하고 있으며 한국인들은 이런 점에서 남녀를 유별하는 데 힘을 쏟았습니다.

이 관습은 히잡(Hijab)과 순결을 요구하는 이슬람교에서 온 무슬림의 관습과도 일치합니다.

*사진설명: 100여년 전의 한국 남녀의 복장으로 이것은 아랍이슬람 복장과 유사함.

4/ 공경

부모를 공경하는 것은 한국인들이 가지고 있는 가장 중요한 미덕 중의 하나입니다. 한국인들은 특히 부모님을 공경하고 명절에 그들 중 일부는 부모님께 엎드려 절하는 풍습을 실천하고 있으며 그들 중 일부는 부모님을 방문하면 엎드려 절을 하기도 합니다. 또한 그들은 노인들을 공경하여 특별한 언어(존댓말)로 호칭하고 정성껏 도움을 주며 응대합니다.

한국 사람들은 이러한 예절에 큰 관심을 기울이고 어쩌면 과장된 측면이 있다고 말할 수 있습니다. 우리 무슬림들은 부모와 어른들을 공경한다는 점에서 한국인들의 의견에 전적으로 동의합니다. 무슬림은 부모에게 부복하여 절을 하지 않는 것은 오직 알라께만 절을 할 수 있기 때문입니다.

*사진설명: 어른들께 절하는 모습

5/ 겸손:

한국인은 다른 사람을 대할 때 겸손한 경향이 있습니다. 어떤 사람은 많은 말이나 행동을 부끄러워합니다. 한국인은 수줍어하기 때문에 다른 사람 앞에서 자신의 행동을 부끄러워하기 때문입니다. 한국인은 다른 사람의 입장이나 말을 비판하는 것을 좋아하지 않습니다. 왜냐면 이런 행위를 부끄러워하기 때문입니다.

한국인은 겸손 때문에 사람들 앞에서 대담하게 말하는 것을 좋아하지 않습니다. 왜냐면 겸손이 그렇게 하는 것을 주저하게 해주기 때문입니다. 겸손은 무슬림들이 진실을 정중하게 말하는 것을 방해하지 않는 한, 무슬림들이 동의하는 훌륭한 행동이라는 것은 의심할 여지가 없습니다.

6/일에 대한 진지함

한국인들이 자신의 일에 진지하게 열중하지 않았다면 한국은 지금까지 이룩한 것을 성취할 수 없었을 것입니다. 한국인들은 어디서든 장시간 일하며 업무를 효율적으로 처리하기를 좋아합니다. 한국인은 이 문제를 극단적으로 받아들여 사회적, 건강상, 심리적으로 부정적인 영향을 미칠 정도로 일을 과도하게 했을지도 모릅니다.

한국인의 진지함은 교육 단계에서부터 시작되며, 학생들은 학업에 열중하고 학교 시간 외에도 시간을 잘 활용하는 모습을 볼 수 있습니다. 직장인들은 더 많은 일을 하기 위해 근무 시간이 끝난 후에도 직장에 남아 있는 경우가 많습니다. 이러한 점이 모든 분야에서 한국이 성공할 수 있었던 중요한 이유입니다.

이슬람은 진지한 성품에 동의하고 일을 완벽하게 수행하기 위해 근면할 것을 요구합니다. 심지어 이는 알라께 대한 경배하는 일의 일부이며 여러분은 그로부터 보상받게 될 것입니다.

14

사우디아라비아-한국 관계

14. 사우디아라비아-한국 관계

제가 중·고등학생 시절이던 지난 세기의 1970년대에 사우디아라비아에는 약 70만 명에 달하는 많은 한국인 근로자들이 프로젝트를 수행하기 위해 파견되었습니다. 저는 한국 여성들도 사우디 병원에서 간호사로 많이 파견되었던 것으로 기억하고 있습니다. 이분들은 도로, 공항, 대학 등 사우디의 인프라를 구축하는 데 기여했습니다. 제가 근무하는 대학(킹 사우드 대학교)은 한국 기업이 시공한 건물로, 40여 년이 지난 지금까지도 견고함을 유지하고 있습니다. 이 전에도 한국인들이 수행한 모든 프로젝트가 매우 효율적으로 진행되었습니다. 모든 사우디 사람들은 한국 기업들이 훌륭하게 잘했다고 생각합니다. 그리고 한국근로자들은 다른 나라 근로자들에 비해 사우디에서 근무하는 동안 범죄를 저지르지 않은 것으로 알려져 있습니다. 한국인들에게 감사를 드립니다.

* 김성태 한국의 전 국회의원은 2019년 6월 사우디 왕세자의 방한을 계기로 한 영상 연설에서 자국 경제 발전에 있어 사우디의 역할을 언급하며 1980년대 사우디에서 근무하던 시절 사우디는 자신과 가족의 버팀목으로 '희망의 땅'이라고 표현했습니다. 거리도 멀고, 출신과 문화도 다르며, 자신이 얻은 지위에도 불구하고, 그는 사우디아라비아의 은혜를 간직하고 있었습니다. 그에게 감사를 드립니다.

*사진설명: 김성태 전 국회의원

사우디아라비아와 한국의 수교는 1962년에 시작되어 경제, 정치, 문화 등 모든 분야에서 더 큰 굳건한 방향으로 나아가고 있습니다. 이 기간 동안에 양국 간의 고위층의 상호 방문이 있었고, 이는 모두 양국 국민의 이익을 위한 것이었습니다. 사우디 국민이 비자 없이 한국에 입국할 수 있을 정도로 양국 관계가 돈독해졌으며 이를 용이하게 해준 한국 정부에 감사드립니다.

*사진설명: 한국과 사우디아라비아의 국기

양국 관계의 가장 중요한 측면은 다음과 같이 요약할 수 있습니다:

1/ 양국 간에는 강력한 경제 파트너십이 있습니다. 사우디는 한국의 강력한 선진 파트너이며, 한국과 사우디의 관계도 마찬가지입니다.

2/ 한국은 사우디아라비아에 전자제품, 자동차, 에어컨, 전기 장비 등을 수출하고 사우디아라비아는 한국에 석유와 석유 제품을 수출합니다. 사우디 아람코(ARAMCO)와 사빅(SABIC)은 한국에 사무소를 두고 있으며, 아람코는 한국의 S-오일 회사에 큰 지분을 보유하고 있습니다. 한국 기업들도 사우디에 사무소를 두고 있습니다.

3/ 사우디는 사우디투자기금(PIF)을 통해 포스코건설의 지분 중에 38%를 출자하고 있습니다.

4/ 사우디-한국 친선협회가 있어 양국 간의 협력 강화를 위한 다수의 활동을 하고 있습니다.

5/ 양국 간의 무역 관계의 발전 역할을 사우디-한국 기업인 협의회가 있습니다. 양국 간 비즈니스 활성화를 위해 한국의 사우디 대사관에 상무관, 사우디아라비아의 한국대사관에 상무관도 있습니다. 대한무역투자진흥공사(KOTRA)도 사우디에 사무소를 두고 있습니다. 그리고 지난 2024년 3월에는 한국·사우디아라비아 산업통산협회(회장 박주선)이 설립되어 중소기업을 위한 활동을 하고 있습니다.

6/ 두 나라 사이에는 돈독한 무역 교류 외에도 문화 교류가 있으며, 2023년 현재 약 123명의 사우디 유학생이 한국 대학에서 공부하고 있습니다. 한편, 소수의 한국 유학생들도 사우디에서 공부하고 있지만 그 수가 적어서 앞으로 그 수가 더 늘어날 것으로 기대됩니다.

7/ 한국의 중앙박물관은 아라비아의 역사와 문화를 보여주는 특별전 '아라비아의 길-사우디아라비아의 역사와 문화'라는 제목으로 사우디 유물 전시품을 2017년에 전시한 적이 있습니다. 당시에 한국 관람객들의 호응도 좋았습니다. 사우디아라비아 국립박물관에는 한국 역사와 문화에 관한 패널이 전시되어 있는 등 양국의 문화를 소개하기 위한 문화교류도 활발히 이루어지고 있습니다.

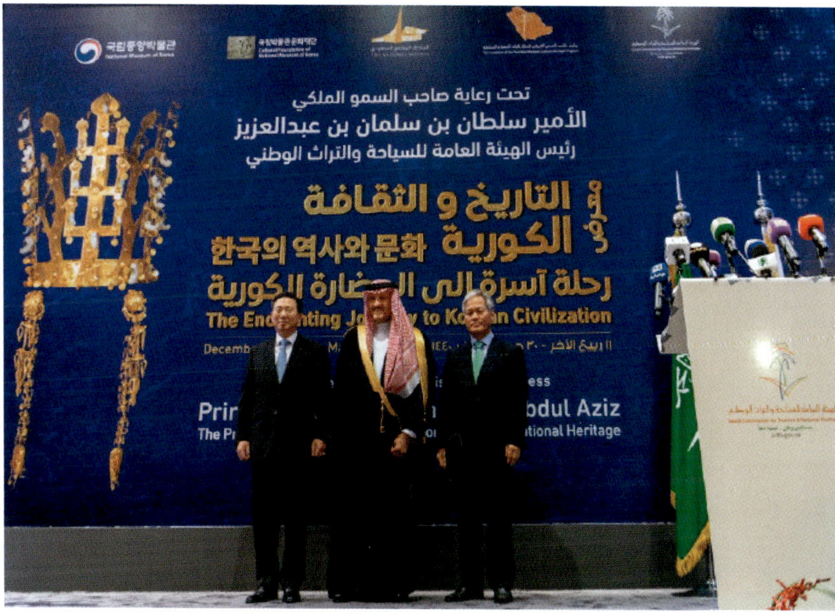

*사진설명: 술탄 빈 살만 왕세자가 리야드에서 '한국 역사 문화 전시회' 개최

8/ 많은 사우디 의사들이 한국의 대형 병원에서 연수를 받고 있으며, 일부 사우디인들은 평화적 목적으로 한국에서 원자력 분야에서 연수를 받고 있습니다.

9/ 최근 일부 사우디인들은 한국 관광에 관심을 갖기 시작했으며, 일부 사우디 환자들은 한국의 여러 병원에서 치료를 받고 있습니다. 저는 이 두 분야의 수요가 증가하기를 희망합니다. 저는 한국 정부가 사우디에서 이를 홍보하기 위해 많은 노력을 기울여야 한다고 생각합니다.

10/ 저는 한국에서 아랍어를 가르치고 사우디아라비아에서 한국어를 가르치는 것은 양국 간의 협력과 두 국 민들 간의 유대감을 높일 수 있는 중요한 분야가 될 수 있다고 확신합니다.

*사진설명: 아랍어로 된 한국어 기초교재

11/ 학생들의 상호 방문은 양국의 관계 발전에 중요한 역할을 하고 있습니다. 저도 이 분야의 경험이 있는데, 이 책에 실린 글들 중 하나에서 언급했습니다. 저는 이러한 방문이 정기적으로 반복되기를 바랍니다.

12/ 사우디아라비아에는 성스러운 두 모스크(메카의 하람 모스크와 메디나의 예언자 모스크)가 있는 곳입니다. 특히 두 성지 모스크의 수호자가 주관하는 핫즈(대순례)와 오므라(소순례) 프로그램을 고려할 때 한국 무슬림이 핫즈와 오므라에 가는 것은 바람직한 일입니다. 현재 핫즈와 오므라의 프로그램에 일부 한국인 순례자들이 제한적인 숫자로 참여하고 있으며, 앞으로 이 숫자는 더 늘어날 것으로 기대합니다.

15

한국에 관한
특별한 트위터 사이트

15. 한국에 관한 특별한 트위터 사이트

트위터는 아랍권, 특히 사우디아라비아에서 널리 사용되고 있습니다. 저는 아랍 세계에 한국을 소개하기 위해 2015년에 한국의 모든 분야를 소개하는 계정을 개설했습니다. 이 계정에는 한국에 대한 정보, 뉴스, 동기부여, 투표 등 다양한 형태의 글과 사진, 영상이 올라오고 있습니다. 팔로워들을 위해 타이틀을 한국에 대한 동기를 부여하기 위해 **『한국은 귀하를 기다리고 있습니다』**라고 정했습니다.

저는 계정의 효과를 높이기 위해 한국에 관심 있는 계정을 팔로우 하는데, 그 중 가장 중요한 것은 아랍어로 된 연합뉴스 계정과 아랍어로 된 KBS 계정입니다. 아랍인을 대상으로 하기 때문에 글은 주로 아랍어로 작성합니다. 하지만 저는 가끔 팔로워들이 한국 친구들에게 전달할 수 있도록 한국어로 문구를 쓰기도 하며, 이런 경우에는 한국 친구들 중 몇몇이 아랍어를 한국어로 번역해주고 있습니다. 그들에게 감사를 드립니다.

2020년 12월 15일 화요일 현재 이 계정의 팔로워 수는 14,004 명입니다. 얼마 전 마지막으로 올린 뉴스는 20세 이하 세계 축구 선수권 대회에서 한국 대표팀이 준우승을 차지했다는 소식이었습니다.

마지막 트윗의 스크린샷을 첨부합니다.

현재까지 트윗 수는 4,641건으로 약 6년 동안 연평균 735건, 하루 평균 2건씩 약 6년 동안 트윗을 올렸고, 트윗에 대한 팔로워들의 반응이 좋아서 리트윗이 약 5만 건, 조회수는 약 500만 뷰에 달하고 있습니다.

다음은 20개의 다양한 트윗 예시입니다:

1. 한국전쟁 발발일(1950년 6월 25일)에 대한 트윗.
2. 한국의 고아원을 방문한 사우디 자원봉사자들에 대한 트윗.
3. 한국인이 IQ 테스트에서 세계 2위를 차지했다는 트윗.
4. 한 한국 청년의 이슬람 개종 이야기를 다룬 트윗.
5. 사우디와 한국의 원자력 분야 협력에 대한 트윗.
6. 서울의 중앙이슬람 성원의 라마단 관련 트윗.
7. 한국어로 번역된 꾸란의 구절이 포함된 트윗.
8. 한국과 사우디 간의 투자 전망에 대한 사우디 주재 한국 대사의 트윗.
9. 한국어로 노래하는 한국 여자 어린이의 목소리가 담긴 트윗.
10. 리야드에서 아름다운 장미나무를 선물해준 한국인 친구와 함께 찍은 사진 트윗.
11. '누가 우리를 만들었나'라는 제목의 한국어 인포그래픽이 포함된 트윗.
12. 킹 사우드 대학교 공과대학을 방문한 사우드 주재 한국대사관 서기관님의 트윗.
13. 꾸란을 읽는 한국인 무슬림의 목소리가 담긴 트윗.
14. 아름다운 한국의 벚꽃에 대한 트윗.
15. 리야드에서 열린 국제 고등교육 전시회의 한국 코너에 대한 트윗.

16. 한국의 할랄 음식에 대한 트윗.

17. 한국의 가구 난방용 장치에 대한 트윗.

18. 한국 커뮤니티와 함께 한 여행에 대한 트윗.

19. 한국 가수의 이슬람에 대한 트윗.

20. 한국의 고속도로에 대한 트윗.

이 계정은 한국에 대한 애정과 관심의 표현입니다. 또한 저에게는 한국에 관심이 있거나 다양한 방식으로 한국에 대해 궁금해하는 많은 사람들과 소통하고 협력할 수 있는 좋은 기회이기도 합니다.

온라인 소통은 정보, 뉴스 등을 전달하는 데 있어 가장 중요한 커뮤니케이션 수단 중의 하나가 되었다는 것은 의심할 여지가 없습니다.

이 계정은 아랍인들에게 한국을 소개하기 위한 시도이며, 이 소개는 한국인과의 화해와 협력을 위한 하나의 걸음입니다. 저는 한국어로 계정을 개설해 한국인들과 소통하며 정보와 좋은 소식, 의견을 전달할 수 있기를 바랍니다. 이 작업은 번역에 지속적인 노력이 필요하지만, 앞으로 이루고 싶은 소망으로 남아 있습니다.

이 트위터 계정(@hosni1379)으로 영어로 비공개 메시지로 저에게 연락을 주시면 여러분의 유용한 추가 정보로 계정을 더욱 풍성하게 만들 수 있습니다. 일부 트윗에는 한국어로 작성되거나 녹음된 자료가 포함되어 있으니 이 계정을 팔로우해 주시면 감사하겠습니다. 여러분에게 감사를 드립니다. **『한국은 귀하를 기다리고 있습니다!』** 계정은 여러분을 기다리고 있습니다.

16

한국의 역사와 지리에 대한 참고사항

16. 한국의 역사와 지리에 대한 참고사항

저는 한국의 역사에 대해 읽었는데, 여기서는 남한과 북한 모두의 역사를 의미합니다. 한국의 지리에 대해서도 읽었습니다. 제 관심을 끌었던 역사적 사건도 있고, 저를 놀라게 한 지리적 사실도 있습니다.

제가 한국의 역사 및 지리와 관련하여 눈여겨 본 중요한 사항은 다음과 같습니다:

1/ 한국은 일본과 중국이라는 두 지역 강대국 사이에 끼어 있어 역사상 900번 이상의 외세의 침략을 받았습니다. 이러한 시도는 의심할 여지없이 한국인들에게 부정적인 영향을 미쳤고, 다른 나라에 대해 개방적이지 않았습니다. 그러나 유엔군이 북쪽의 공산 침략으로부터 한국을 해방시키기 위해 남한을 위하여 참전한 이후에는 상황이 달라졌습니다.

2/ 한국이 세계에 개방되면서 기독교가 한국에 강력하게 전파되었고, 불교를 믿던 한국인의 거의 3분의 1이 기독교인이 되었습니다. 서구가 한국인들에게 제공한 원조는 한국인들 사이에 기독교가 확산된 이유일 수 있습니다. 그러나 한국이 자급자족이 가능해지면서 이러한 관심은 감소한 것으로 보입니다. 2005년 공식 통계에 따르면 한국인의 약 47%가 무교인 것으로 나타났습니다.

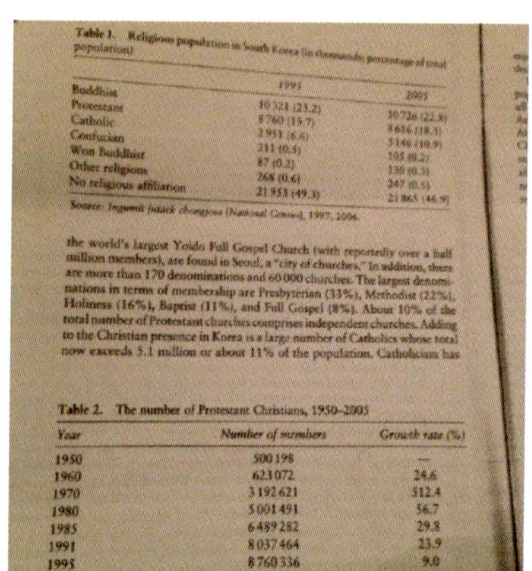

Table 1. Religious population in South Korea (in thousands; percentage of total population)

	1995	2005
Buddhist	10 321 (23.2)	10 726 (22.8)
Protestant	8 760 (19.7)	8 616 (18.3)
Catholic	2 951 (6.6)	5 146 (10.9)
Confucian	211 (0.5)	105 (0.2)
Won Buddhist	87 (0.2)	130 (0.3)
Other religions	268 (0.6)	247 (0.5)
No religious affiliation	21 953 (49.3)	21 865 (46.9)

Source: *Ingumit jutaek chongjosa* (National Census), 1997, 2006.

the world's largest Yoido Full Gospel Church (with reportedly over a half million members), are found in Seoul, a "city of churches." In addition, there are more than 170 denominations and 60 000 churches. The largest denominations in terms of membership are Presbyterian (33%), Methodist (22%), Holiness (16%), Baptist (11%), and Full Gospel (8%). About 10% of the total number of Protestant churches comprises independent churches. Adding to the Christian presence in Korea is a large number of Catholics whose total now exceeds 5.1 million or about 11% of the population. Catholicism has

Table 2. The number of Protestant Christians, 1950–2005

Year	Number of members	Growth rate (%)
1950	500 198	–
1960	623 072	24.6
1970	3 192 621	512.4
1980	5 001 491	56.7
1985	6 489 282	29.8
1991	8 037 464	23.9
1995	8 760 336	9.0
2005	8 616 438	–1.6

*사진설명: 한국의 종교 현황표

3/ 한국 역사에는 큰 영향을 끼친 3개의 강력한 왕국이 등장했는데, 그 중에서 가장 유명한 왕국은 신라, 고려, 조선의 왕국입니다. 신라 왕국 통치 기간 동안 일부 아랍 무슬림 여행자들은 한국에 도착하여 신라 왕국에 대해 글을 쓰고 신라 사람들의 선함과 나라의 아름다움에 대해 감탄하였습니다.

이 무슬림들의 존재감은 크지 않았습니다. 그러나 아마도 일부 무슬림은 몽골과 함께 들어왔다가 짧은 기간 후에 떠났을 수도 있습니다. 한국의 어느 지역에는 고대 무슬림들의 무덤이 있습니다. 부산에는 튀르키예 군인 묘지도 있습니다.

4/ 한국 역사에는 한국인이 자랑스러워할 만한 인물과 위업이 있습니다. 또한 한국인의 총명함과 성실함을 보여주는 뛰어난 발명품도 있었습니다. 한국인은 오늘날까지 영특함으로 다른 나라 사람들과 차별화됩니다. 최근 한 연구에 의하면 잘 알려진 지능 검사(IQ)에서 한국인은 싱가포르인에 이어 세계에서 두 번째로 영특한 사람들로 나타났습니다.

5/ 한국은 동쪽으로 동해와 국경을 접하고 있습니다. 이것은 그에 대해 알려진 옛 이름입니다. 일본은 동해를 일본해라고 부르고 있으며, 동해로 표기된 지도와 일본해로 표기된 지도가 존재합니다. 아랍인들이 아라비아만을 페르시아만이라고 명명하는 것에 분노하는 것처럼 한국인들은 동해를 일본해라고 명명하는 것에 분노하고 있습니다.

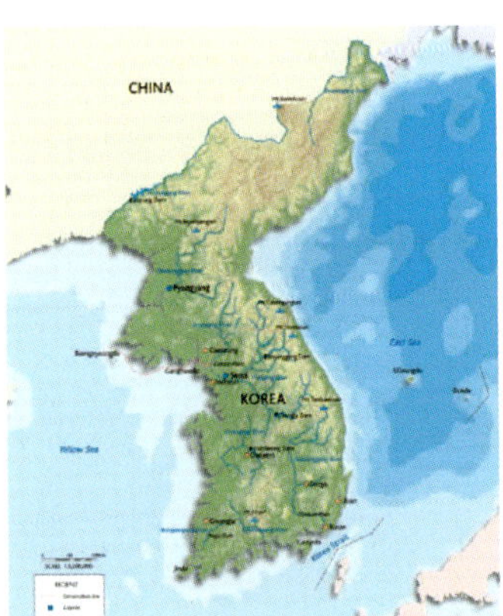

*사진설명: 한국의 남북한 지도

6/ 제주도는 한국 본토에서 약 100킬로미터 떨어져 있는 섬으로 한국에서 특별한 중요성과 위상을 가지고 있습니다.

이곳은 가장 아름다운 자연 관광지로 꼽히는 곳입니다. 모든 국적의 사람들의 입국이 허용되지만, 입국이 곧 한국 본토 입국을 의미하지는 않습니다.

7/ 독도를 둘러싸고 한국과 일본 사이에 분쟁이 계속되고 있습니다. 독도는 현재 한국에 속해 있지만 일본이 영유권을 주장하고 있습니다. 이 문제는 일본의 혐오스러운 한국 점령 기간 동안의 한국인 위안부 문제와 함께 양국 간의 마찰의 원인으로 남아 있습니다.

8/ 한국에는 유네스코가 세계문화유산으로 지정한 유적지가 여러 곳 있습니다. 이는 한국 역사의 풍부함과 이에 대한 한국인의 관심을 보여줍니다.

9/ 한국 역사는 저명한 사상가, 철학자, 위인들이 있습니다. 한국 지폐에 초상화가 그려진 가장 유명한 한국의 역사적 인물 3인은 다음과 같습니다: 세종대왕, 조선 시대 학자인 이황, 조선 시대 학자인 이이입니다.

*사진설명: 상→ 이이 선생, 중→ 이황 선생, 하→ 세종대왕

17

이슬람을 테러리즘으로 비난

17. 이슬람을 테러리즘으로 비난

한국 국민은 평화롭고 평화를 사랑하는 민족입니다. 한국은 가장 안전하고 범죄가 가장 적은 국가 중에 하나로 꼽힙니다. 한국은 반복되는 침략과 참혹한 전쟁을 겪었기 때문에, 인간이 안락한 삶을 살기 위해서는 평화가 필요하다는 것을 잘 알고 있습니다.

저는 한국인들과 많은 이야기를 나누었으며 한국인들이 이슬람에 대해 무엇을 알고 어떻게 생각하는지에 대한 이야기도 읽어보았습니다. 또한, 한국 단체들이 이슬람, 특히 테러 문제에 대해 한국인들이 어떻게 생각하는지에 대하여 실시한 여론조사도 보았습니다. 제가 알게 된 사실과 읽은 바에 따르면 한국인 대다수가 이슬람에 대해 충분한 지식을 갖고 있지 않은 것 같습니다. 이는 한국 내의 무슬림 수가 적고 한국어로 된 이슬람 관련 문헌이 부족하기 때문에 예상할 수 있는 일입니다. 우리는 이것을 알고 있으며 전 세계를 대상으로 한 서방 언론의 이슬람에 대한 공격, 특히 이슬람을 테러리즘으로 비난하는 공격의 강도를 보면 일부 한국인들이 이슬람과 테러를 연관 지어 이슬람에 대한 오해를 가지고 있는 것으로 짐작됩니다.

*사진설명: 이슬람에 대한 이미지 왜곡을 시도하는 전단지의 한국 내 배포

일부 이슬람 신도들이 저지른 테러 행위때문에 일부 한국인의 마음속에 이슬람에 대한 이미지가 부정적으로 심어진 것은 의심할 여지가 없습니다. 일부 한국인들은 탈레반이 아프가니스탄으로 기독교 선교를 하러 갔던 한국인 2명을 살해했다는 사건을 악용하여 이슬람과 테러를 연관 짓고 있습니다. 이 모든 것은 우리에게 슬픈 일이며 우리는 한국인이든 누구든 간에 무슬림이나 비무슬림의 공격으로부터 부당하게 살해당하는 것을 원하지 않습니다.

우리는 무슬림이며 이슬람은 평화의 종교입니다. 우리는 이집트, 시리아, 인도네시아, 터키 등지에서 비무슬림에 대한 어떠한 공격적인 행동을 취하지 않고 함께 살아왔습니다. 또한 우리 이슬람종교는 꾸란에서 부당하게 공격을 하여 사람을 죽이는 것을 금지하고 있습니다. 게다가 무고한 사람을 죽이는 테러 단체는 다른 사람들을 죽이는 것보다 훨씬 더 많은 무슬림을 죽이는 것입니다.

우리가 진정한 이슬람에서 벗어난 소수 집단의 행동을 이슬람을 이해하는 척도와 참고로 삼는 것은 합리적이지 않습니다. 이슬람은 그 근원이 꾸란과 알라의 사도(그분에게 알라의 평화와 축복이 있기를 바랍니다)의 하디쓰이기 때문입니다. 무슬림들은 역사 속에서 이슬람을 적용해 왔으며, 무슬림들은 최근 몇 년 동안 진리에서 벗어난, 지식도 이성도 없는 집단에서 이러한 행위가 발생한다는 것을 알게 되었습니다. 테러리즘 현상은 또한 모든 민족과 종교에 존재합니다.

서주석 한국의 전 국방부 차관은 리야드에서 열린 '테러로 파괴된 도시' 전시회를 방문해 "이 전시회는 테러의 잔혹함을 반영하고, 문화유산을 관리와 관심 없이 방치하면 어떤 일이 벌어지는지 잘 보여주고 있다."고 말했습니다.

*사진설명: '테러로 파괴된 도시들' 전시회를 방문한 서주석 한국 전 국방부 차관

꾸란과 이슬람 역사를 읽으면 이슬람이 평화와 정의, 침략과 불의에 맞서 싸우는 종교라는 것을 진리를 사랑하는 사람이라면 누구나 알 수 있습니다. 실제로 꾸란은 한 사람을 죽이는 것을 온 인류를 죽이는 것과 같다고 규정하고 있습니다. 꾸란은 살인자에 대한 처벌을 강력하고 억지력 있게 규정하고 있습니다. 이슬람은 또한 사람이나 나쁜 말로 사람을 공격하는 것을 금지하고 있습니다. 어떻게 인간 자신이나 인간의 재산을 공격하겠습니까?

동아시아, 특히 인도네시아, 말레이시아, 필리핀 등지에서 이슬람이 확산된 이유는 이러한 이슬람의 도덕 때문입니다.

이슬람 군대가 이 지역까지 진출한 적은 없었습니다. 오히려 이슬람이 오늘날 세계에서 가장 빠르게 확산되는 종교가 된 것은 무슬림의 도덕 덕분입니다. 또한 많은 한국인이 무슬림이 된 이유이기도 합니다.

한국인과 무슬림 사이에는 역사적으로 갈등이 없었고, 알라를 찬양하며 상호 호혜적인 무역 관계를 유지해 왔습니다. 한국은 일본의 불의와 침략, 테러로 인해 많은 고통을 겪었습니다. 그래서 우리가 일본 종교는 테러의 종교라고 말할 수 있을까요?

자비는 이슬람에서 중요한 원칙입니다. 실제로 이슬람은 사람들에게 자비를 베풀기 위해 왔고, 이슬람에서는 다음과 같이 말합니다: "사람에게 자비를 베풀지 않는 사람은 알라께서도 그에게 자비를 베풀지 않을 것이다." 또한 이슬람에서는 모든 사람과의 평화, 즉 평화는 이슬람의 법과 규율의 토대가 되는 중요한 원칙입니다.

이슬람에서 가장 위대한 인사는 사람들에게 하는 인사말입니다:

'앗쌀라무 알라이쿰' '여러분에게 평화가 있기를 바랍니다'

정의 또한 알라께서 꾸란에서 여러 번 명령하신 위대한 이슬람 도덕이며, 꾸란은 불의를 가장 큰 금기들 중의 하나로 삼고 있습니다. 그리고 알라께서는 이의 결과를 이 세상과 내세에서 불미스럽게 만드셨고, 이 모든 것은 "나는 도덕을 완성하기 위해 보내졌다."는 예언자 무함마드(그분에게 알라의 평화와 축복이 있기를 바랍니다)의 말로 요약할 수 있습니다.

18

한국에 대한 기타 여러가지

18. 한국에 대한 기타 여러가지

이 글은 제목을 붙이기 어려운, 앞의 언급한 내용에 속하지 않는 다양한 것들에 대한 이야기입니다. 이 글에는 맛나는 과일 농장이나 달콤한 향기가 나는 꽃밭을 둘러보는 등 다양한 관찰과 소감이 담겨 있습니다.

1/ 한국의 할랄 식사:

다양한 목적으로 한국을 방문하는 무슬림이 증가함에 따라 최근 한국내에서도 할랄 식품에 대한 관심이 확산되기 시작했습니다. 감사하게도 이러한 관심은 한국 정부 차원에서도 가지고 있으며, 기업인들 차원에서도 이를 위한 여러 전시회와 컨퍼런스가 개최되었습니다. 현재 한국에는 할랄 푸드 공장뿐만 아니라 할랄 레스토랑도 많이 있습니다. 우리는 할랄에 대한 수요가 아직 많기 때문에 더 늘어날 것으로 기대합니다.

이와 관련해 한국 정부에서는 예배보는 방향인 끼블라 방향, 기도 시간, 할랄 푸드 등을 알 수 있는 할랄 앱을 출시했습니다. 진심으로 한국 정부에 감사드립니다.

*사진설명: 할랄 푸드들

*사진설명: 스마트기기에 있는 할랄 앱

2/ 기도:

저는 한국의 일부 공항, 시장, 관광지에 기도를 할 수 있는 전용 장소인 무쌀라(기도실)가 있다는 것을 알게 되었습니다. 한국 정부에 감사드리며, 이를 해준 기업인들에게도 감사를 표합니다. 우리는 모든 대학과 공장에도 기도할 수 있는 장소가 마련되기를 바랍니다.

*사진설명: 인천국제공항에 오픈한 기도실

3/ 고령화:

한국 사회는 인구의 25% 이상이 60세 이상인 고령화 사회로 접어들고 있습니다. 이러한 현상의 원인은 많은 한국 젊은이들이 결혼을 꺼리거나 자녀를 한 명만 낳는 것에 만족하기 때문입니다. 한국 정부는 출산을 장려하기 위해 노력하고 있으며 셋째 자녀에 대한 지원을 제공하고 있습니다.

고령화 사회는 사회의 생산력에 부정적인 영향을 미치고 추가적인 건강 요구 사항들이 생깁니다. 한국은 이 문제의 영향을 줄이기 위해 외국인 노동력을 도입하고 있습니다. 이 문제의 미래가 어떻게 될지는 확실하지 않지만, 더 확대되기 전에 빨리 해결해야 할 숙제인 것 같습니다.

4/ 한국에 대한 시

한국과 한국인에 대하여 진실한 사랑의 마음을 가지고 한국에 대한 시를 쓴 사우디 사람들도 있습니다. 아랍인들은 아랍어는 아름답고 방대하기 때문에 시를 듣는 사람들에게 영향력이 있는 것으로 여깁니다.

다음 세 구절은 한국에 대한 가장 유명한 시들 중 일부입니다:

한국은 우리의 관심을 받을 자격이 있나니,

그 국민들은 친절하고 평화를 사랑합니다.

오, 한국! 우리는 그대에게 모든 사랑을 바치며

우리는 이슬람을 그대의 국민에게 바칠 것입니다.

떠오르는 나라, 강한 민족

열심히 일하면 그것으로 존경받는 나라입니다.

5/ 한국에서 저를 놀라게 한 것들 중 휴대폰

한국에서 삼성 휴대폰의 가격은 그것이 한국산임에도 불구하고 사우디아라비아보다 더 비쌉니다. 제가 아는 한 그 이유는 사우디아라비아에서 판매되는 기기는 한국이 아닌 다른 나라에서 조립되는 반면 한국에서 판매되는 기기는 전적으로 한국에서 제조 및 조립되기 때문입니다. 이는 한국과 무역 관계가 있는 다른 산업에도 적용될 수 있습니다.

6/ 미세먼지

저는 한국에는 사막이 없기 때문에 먼지에 노출될 것이라고는 미처 생각하지 못했습니다. 하지만 현실은 한국은 중국에서 날아오는 오염된 먼지에 노출되어 있습니다. 먼지는 중국의 사막이 발원이지만 그 오염 물질은 중국 공장에서도 나옵니다.

한국 정부는 중국의 비협조적인 태도에 맞서 이 문제에 대한 해결책을 찾기 위해 노력해왔습니다. 여러 시도들 중에 한 가지는 비구름을 바다 위로 띄워 먼지 알갱이가 한국에 도달하기 전에 비가 바다 위로 떨어지도록 하는 것이었습니다. 이 방법은 지금까지 성공한 것으로 보이지 않습니다. 한 가지 제안된 해결책은 먼지가 한국에 도달하기 전에 공기 추출기를 사용하여 먼지를 빨아들이는 것입니다.

미세먼지는 건강과 환경에 심각한 악영향을 미치기 때문에 한국에서도 이 문제 해결에 관심을 쏟고 있습니다.

먼지가 발생하면 마스크를 쓰는 일이 흔합니다. 한국 정부는 또한 그 영향을 최소화하기 위해 경고 메시지를 발송하고 있습니다. 제가 언젠가 한국을 방문했을 때 이 먼지가 발생하는 계절과 겹쳤는데, 이로 인해 매년 많은 사망자가 발생한다는 기사를 읽었습니다.

이 문제는 보건 및 환경 면에서 많은 문제를 일으키는 사우디아라비아의 모래 폭풍과 유사합니다. 양국은 이 문제와 양국의 관심사인 기타 문제들에 대한 해결책을 찾기 위해 협력할 수 있습니다.

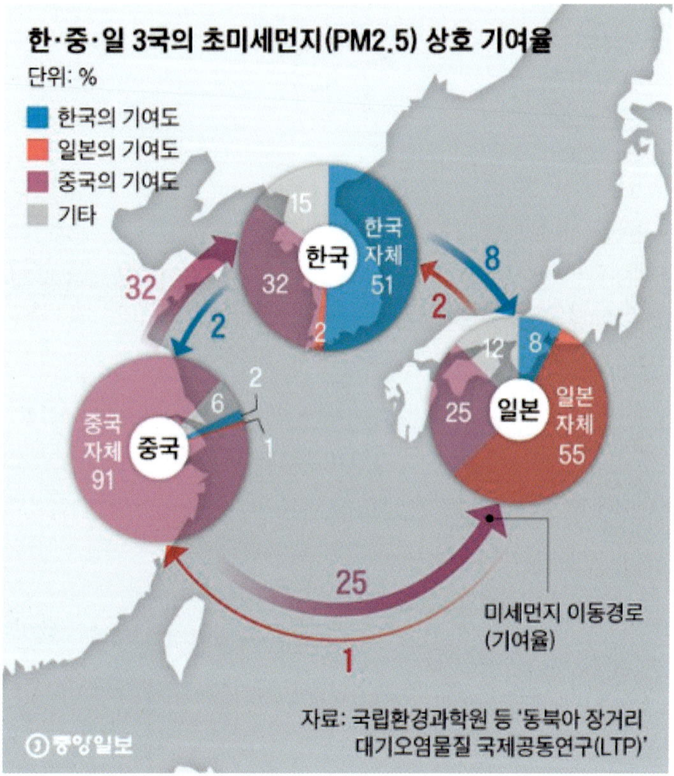

그래픽=박경민 기자 minn@joongang.co.kr

19

무슬림 된 한국인들의 이야기

19. 무슬림 된 한국인들의 이야기

저는 많은 한국인 무슬림들을 만나면서 왜 그들이 무슬림이 되었는지 이유를 물어보곤 합니다. 가장 큰 이유는 세 가지입니다: 이슬람의 유일신 교리, 무슬림의 도덕, 그리고 꾸란을 읽었기 때문이라고 합니다. 저는 이슬람에 입교한 사람들의 대다수가 기독교인이라는 것을 알게 되었습니다.

이 일은 예상했던 것으로 기독교가 우주의 창조주, 예언자, 최후의 날의 존재를 믿는 종교이기 때문입니다. 그들은 이슬람교를 믿기 전에는 그들의 종교와 상관없이 이슬람에서 세상 모두의 주재자가 알라(Allah)라는 사실을 몰랐습니다. 또한 그들은 무슬림들이 예수의 기적을 믿고 그를 사랑하며 종말에 그가 재림할 것이라는 것을 믿는다는 것도 몰랐습니다.

또한 저는 한국인들 중에는 이슬람에 대한 확신이 있음에도 불구하고 이슬람교도가 되지 않는 것은 그들이 직면하게 될 사회적 상황을 고려했기 때문이라는 것을 알고 있습니다. 왜냐하면 그들은 자신으로 인해 다른 사람들이 불편을 겪는 것을 좋아하지 않기 때문입니다.

한국인들이 이슬람 국가로 여행하는 것은 의심할 여지없이 그들에게 이슬람에 대해 배울 수 있는 더 큰 기회를 제공할 것입니다.

또한 저는 최근에 한국 여성들도 남성들과 마찬가지로 이슬람을 받아들이고 입교하러 오고 있다는 사실도 알게 되었습니다.

다음은 제가 아는 이슬람으로 입교한 세 명의 한국인의 이야기입니다:

1/ 김은수 씨의 이야기:

*사진설명: 가림 김은수

김은수 씨는 한국에서 가장 명문대인 국립 서울대학교에 입학한 우수한 학생이었습니다. 대학 3학년 때 튀르키예에 관광을 갔다가 스포츠 용품점에서 한 노인을 만났는데, 그는 이곳 사람들은 지갑을 안전 금고에 넣지 않는다는 사실에 놀랐다고 합니다. 그 튀르키예 사람은 이렇게 말했습니다: "우리는 무슬림이고 도둑질을 하지 않기 때문에 금고가 필요하지 않습니다."

이 말은 그에게 선의의 열쇠가 되었으며 그로 하여금 이슬람의 진리에 대해 깊은 열정과 의문을 품게 했습니다. 그는 특히 지고하신 알라의 유일신 문제에 관해 찾아보았으며 3개월에 걸친 탐구 기간 동안 그는 지루하거나 심심할 틈이 없었습니다.

그 후 그는 유일신을 주장하며 지고하신 알라와 더불어 다신교를 거부하는 유일한 종교는 이슬람교뿐이라는 것을 깨달았습니다. 그는 2003년에 서울 이슬람 중앙성원에 찾아가서 이슬람을 선언했습니다. 이슬람교를 믿는다고 해서 그가 학업을 마치는 데 방해가 되지는 않았습니다.

그는 아랍어를 마스터하고 여러 권의 책을 한국어로 번역했습니다. 그의 조국인 대한민국에 돌아가서 한국인들에게 도움이 될 수 있도록 더 많은 이슬람 학문을 습득하기 위해 사우디아라비아로 떠났습니다.

그는 자신의 조국을 사랑하기에 학업을 마치고 알라께서 인도하신 진리를 알 수 있도록 한국 국민들을 돕고 싶다고 합니다. 그는 현재 킹사우드 대학교에서 꾸란학 박사과정에서 공부하고 있습니다.

2/ 박동신 씨의 이야기:

*사진설명:압둘라 박동신

그는 기독교 가정에서 자랐으며, 아버지는 선원이었으며 바다 항해를 나갈 때마다 성경을 가지고 출항하시곤 했습니다. 그러나 그의 아버지는 1997년 경제 위기로 그의 어머니와 헤어졌으며 가난으로 인해 아버지는 다른 사람들을 친절하게 대하지 않았습니다. 결국, 동신은 기독교 기숙학교에 들어가 그곳에서 살게 되었습니다.

그는 그곳 사람들이 종교에 대해 진실하지 않고 자신에게도 적합하지 않는 곳임을 깨닫게 되었습니다. 그후 그는 정치와 역사에 관심을 갖기 시작하였습니다. 그가 기독교를 믿지 않는 이유가 있었는 데, 사람이 어떻게 죄인으로 태어나는지, 하나님은 어떻게 셋이면서 하나이실 수 있는 지였습니다. 그는 많은 교회에서 답을 찾았지만 찾을 수 없었습니다. 그러던 중 그는 미국의 우월성을 찬양하고 이슬람을 폄하하는 할리우드 영화를 보았습니다. 그는 그들의 말에 납득할 수 없었고, 이슬람을 탐구한 결과 이슬람은 개인들의 찬양이 아니라 알라를 찬양하고 유일신에 기초한 종교라는 것을 알게 되었습니다. 특히 이슬람이 단순한 의례가 아니라 완전한 삶의 길이라는 것을 깨달았을 때, 그는 이것이 자신이 찾던 참된 종교라고 느꼈습니다. 그 후 그는 유튜브에서 이슬람 웹사이트를 발견하고 이슬람을 더 깊이 이해하는 데 도움을 받았습니다.

그 후 그는 서울 중앙 이슬람성원에 가서 이슬람에 관한 강의를 들었습니다. 이 강의를 통해 그는 이슬람이 참된 종교라는 것을 알게 되었고, 진리를 찾아 긴 여정 끝에 확신을 가지고 이슬람으로 개종했습니다. 그 후 그는 아랍어와 이슬람을 공부하고 아랍 무슬림 국가들을 여행했으며, 현재 특히 미디어를 중심으로 이슬람 선교를 하고 있습니다. 그는 여러 웹사이트를 운영하고 있으며, 가장 유명한 유튜브 사이트로 IslamicKoreaTV 한국이슬람방송입니다.

3/ 송현숙 씨의 이야기:

*사진설명 :파티마 송현숙

그녀는 독서를 아주 좋아해서 책 읽기에 관심이 많았고 지금도 책을 읽고 다른 문화를 접하는 것을 좋아합니다. 그녀가 이슬람으로 입교하기 전 그녀는 기독교 가정에서 자랐습니다.

그녀의 아버지는 자신의 교회를 소유하고 있었으며 가족 모두는 교회를 다니며 일요일뿐만 아니라 교회가 주최하는 모든 행사와 모임에 참석하였습니다. 이것은 그녀 가족의 엄격함 때문이었습니다. 그녀는 기독교 신앙에 매우 열정적이었으며 또한 한국의 오랜 종교인 불교에 대한 지식도 상당히 있었습니다.

그녀는 몇 권의 책들을 읽기 시작하였는데, 왜냐면 기독교인들이 유대인들과 우호적인 관계이기 때문이었습니다. 그녀는 이슬람에 입문하기 전에 어느 유대인 작가가 돼지에 대해 이야기하는 책을 읽은 적도 있었습니다. 그리고 성경에서 돼지를 금지한다는 내용을 읽었으며, 유대교인들이 돼지를 금지한다는 내용도 읽었습니다. 그녀는 유대인 작가가 돼지를 왜 금지하는지에 대해 이야기하는 것을 발견하였습니다. 당시에 그녀는 돼지를 금지하고 있는 이슬람과 관련된 책들을 읽어보지 않았기에 그녀에게는 이슬람에 대한 지식이 전혀 없었습니다.

2004년, 그녀는 자신을 도와주고 위기에서 구해준 한 아랍 청년을 만났고, 이 일로 인해 그의 전화번호를 받아 그와 연락을 취하기 시작했으며, 그에게 감사의 인사를 전하기 위해 그를 식당으로 데려가 돼지고기를 먹지 않는 이유를 물었고, 그는 그녀에게 이렇게 말했습니다: "저는 무슬림이라 돼지고기를 못 먹어요." 마침 유대인 작가의 책이 그녀와 함께 있었기 때문에 그녀는 그 젊은 아랍인에게 "돼지고기를 먹지 않은 지 일주일이 지났습니다: 일주일 전에 이 책을 읽고 성경에 나오는 내용과 일치한다는 것을 알게 되어 저도 돼지고기를 먹지 않게 되었습니다."라고 말했습니다.

여기까지 그녀가 이슬람을 알게 된 서막의 시작입니다. 이 아랍청년은 모로코 출신으로 꾸란의 의미를 번역한 책 한 권을 그녀에게 주었습니다. 그 책을 읽은 그녀는 놀라움을 금치 못하며 다시 청년에게 찾아가 이렇게 말했습니다: "이 책은 우리가 읽고 있는 성경에 있는 것과 비슷하며 인간이 쓴 책이 아닙니다." 이 청년은 그녀에게 "왜 이런 생각을 하셨는가요?" 물었습니다.

그녀는 "이슬람은 무함마드가 창시한 종교이며 무함마드가 꾸란을 썼다고 배웠습니다."라고 대답했다. 꾸란을 읽은 그녀는 꾸란은 인간이 쓸 수 없으며, 성경과 매우 유사하고 내용이 성경보다 명확하고 잘 이해하기 쉽다는 것을 깨달았습니다. 성경은 이해할 수 없고 모순된 부분이 있지만, 꾸란은 이해할 수 있기 때문이었습니다.

그녀는 그것에 놀라 꾸란을 여러 번 모두 읽었습니다. 그 때가 공교롭게도 2005년 라마단 월 마지막 10일째 날이었으며 그녀는 라마단 월 마지막 10일째 날에 이슬람에 입교하기로 결심했습니다.

꾸란은 그녀가 이슬람에 귀의하게 된 이유입니다. 왜냐면 그녀는 꾸란을 읽었을 때, 꾸란은 신이 내린 신성한 책이며 인간이 쓸 수 없는 책이라는 것을 깨달았기 때문입니다. 성경이 해답을 주지 못했던 그녀의 마음 속에 있던 모든 질문들에 대하여 꾸란이 답을 주었기 때문에 그녀는 이슬람에 입교하게 되었던 것입니다.

교회에 다니던 시절, 그녀는 한국 밖의 아프리카 국가에서 기독교를 전파하는 선교사가 되기 위한 준비를 하였습니다.

그러나 알라께 감사하게도 그녀는 이제 진리의 종교인 이슬람의 선교사가 되었습니다.

20

마지막 이야기

20. 마지막 이야기

사랑하는 한국 독자 여러분!

저는 여러분이 이 책의 페이지를 넘기면서 재미와 유익함을 얻으셨기를 바랍니다. 저는 여러분이 한국과 한국인에 대하여 읽은 정보와 경험과 관찰을 통해 한국인과 더 가까워지고 한국에 대한 관심을 갖게 되기를 바랍니다.

이 책의 서문에서 저는 한국 제품이 우리 집에 있는 것처럼 한국이 우리 마음 속에 있기를 기원한다고 말했습니다. 저는 이번 임무가 성공했으면 좋겠습니다.

이제 여러분은 이 책에서 한국에 관한 19개의 스토리를 읽었습니다. 여러분에게 한국에 대한 지식을 가장 많이 넓혀준 스토리는 무엇입니까?

한국에 대해 가장 긍정적인 감정을 느끼게 만든 스토리는 무엇입니까?

어떤 경험이 여러분에게 가장 큰 영향을 미쳤나요?

이러한 질문에 대한 여러분의 답변을 통해 여러분은 이 책에 대한 저의 목표달성의 성공여부를 알 수 있습니다.

이 책은 여전히 인간의 노력의 산물이며, 제가 여러분의 친절한 의견과 아낌없는 비판에 행복할 수 있다는 것에 저는 부끄럽지 않습니다. 아마도 그것은 미래에 저에게 유용할 것입니다.

다음 주소는 여러분의 의견을 받는 이메일입니다.

amshaikhh@gmail.Com

사랑하는 독자 여러분!

여러분의 지위와 직업이 무엇이든 간에 여러분은 알라께 보상을 받을 수 있는 유용한 일을 하거나 말을 할 수 있는 기회가 지금 여러분 앞에 주어져 있습니다. 한국에 이슬람이 전파되고 사람들 사이에 이슬람이 확산되기 위해서는 모든 분야에서 아무리 작은 것이라도 한국은 혼신의 노력이 필요합니다. 특히 한국인은 세계에서 가장 팔로우를 많이 하는 국민 중에 하나이므로 현대 커뮤니케이션 수단을 통해 누구에게나 전자 선교를 할 수 있게 된 것은 의심할 여지가 없습니다.

이 광활한 공간에서 자신의 자리와 발자취를 남기도록 하세요. 저는 여러분이 돈이나 노력이 필요 없는 선행을 실천하면서 자신을 아끼는 일에 인색하리라고는 생각하지 않습니다. 단, 몇 분만에 한국인들이 기다려온 많은 선함을 전파할 수 있습니다. 예를 들어, 한국인이 유튜브에서 가장 많이 보는 인기 동영상을 팔로우하면 해당 동영상에 댓글을 추가할 수 있습니다. 이 댓글은 의미가 한국어로 번역된 꾸란 구절일 수 있습니다. 한국어로 된 초대자료를 포함하는 소셜 미디어 사이트가 많이 있습니다. 가장 유명한 한국어 해시태그에 접속하여 한국어로 된 초대자료를 추가할 수도 있습니다. 이것은 한국인에게 제공될 수 있는 선함과 초대의 두 가지 예입니다.

결론적으로 저는 이 책과 함께 시간을 내주신 독자 여러분에게 감사를 드립니다. 지고하신 알라께 우리 모두가 속히 선한 일을 서둘러 하게 하시고 항상 선한 일을 간구하며 특별히 우리가 한국을 위하려 최선을 다하는 사람들이 되도록 기도합니다. 알라께서는 듣는 분이시며 응답하시는 분이십니다.

대한민국 국민들은 예술을 사랑하고

예의와 질서를 지키는 정직한 민족입니다.

색 인

개천절 ... 60
경복궁 ... 70
고려대학교 ... 56
고령화 ... 104
국립박물관 ... 13
꾸란 ... 27
꾸리야 ... 71
기도실 ... 103
끼블라 ... 27
남산타워 ... 27
대추야자 ... 64
돼지고기 ... 40
독도 ... 96
롤모델 ... 32
명승지 ... 70
무슬림 ... 27
무솰라 ... 48
무함마드 ... 79
문화유산 ... 13
미세먼지 ... 105
박정희 ... 66
비무슬림 ... 99
사빅 ... 85
사우디아라비아 ... 12
사우디 환자 ... 87
삼성그룹 ... 13
서울대학교 ... 109
선교자유 ... 40
성경 ... 110
성꾸란 ... 51
세종대왕 ... 54
수호자 ... 88

술탄대학교 54
아람코 85
아랍상인 71
아랍어 16
연세대학교 12
연장자 39
왕궁 27
유학생 42
유일신 108
이슬람 24
이슬람교 22
이슬람 가치 64
인천공항 68
인하대학교 42
일본 94
자비 100
자살률 38
전자선교 115
존댓말 81
종교자유 52
중국 94
중앙박물관 72
중앙성원 29
카페 베네 64
킹사우드 대학교 12
테러리즘 98
투자자 36
트위터 90
특허 67
하디쓰 99
한강 66, 76
한강의 기적 66

한국 12
한국 기업 58
한국수자원학회 12
한국어 42
한국음식 22
한국의 교육 66
한국외국어대학교 56
한양대학교 44
할랄 24, 49
할랄 앱 102
현대자동차 27
휴대폰 105
히잡 80